В поисках убийцы

Андрей Зарин

СОДЕРЖАНИЕ

В ПОИСКАХ УБИЙЦЫ

В ПОИСКАХ УБИЙЦЫ

I

СТРАШНЫЕ НАХОДКИ

Было раннее морозное утро, когда Тишка, с крючком на руке и мешком под мышкой, прошел по Зелениной улице, что на Петербургской стороне, юркнул в ворота дома купца Пузикова, деловым шагом прошел первый двор, на котором два младших дворника готовились таскать дрова по квартирам, и в самом конце двора нырнул за каменный флигель, где очутился подле выгребной ямы, зловонные испарения которой сковал мороз.

Тишка, мальчуган лет двенадцати, в стоптанных валенках с огромных мужицких ног, в рваном вонючем полушубке, в теплой шапке, повязанной каким-то тряпьем — не то остатками башлыка, не то серой штаниной, с деловым видом шмыгнул носом, бросил на пол мешок, поднял крышку ямы, для чего-то крепко, по-извозчичьи выругавшись, и влез в нее.

С деловым видом Тишка запустил свой крючок в мусор и стал разворачивать и разбирать его с видом знатока. Вот пузырек от одеколона, банка от мази, да еще фарфоровая, сбитый башмак, жестянка, кости, тряпки. Тишка извлекал из общего мусора и выбрасывал их в мешок, лежавший подле ямы.

Куча росла. Летом работа шла бы более быстро, потому что тогда каждая вещь сама по себе — бери только. Теперь же самые разнородные предметы холод спаял в один комок, и Тишке приходилось разбивать такие комки крючком или разламывать их руками. Но добыча все же оказывалась немалая.

Вдруг его крючок вонзился во что-то мягкое и большое.

Тишка запустил его поглубже, ухватился за палку и стал тянуть, отрывая добычу от примерзшего мусора.

Вот из кучи выдвинулся большой кусок словно бы мерзлого мяса. Тишка напрягся. Еще, еще... Тишка рванул и вдруг, выпустив крючок из рук, с искаженным от ужаса лицом в

1

один миг вылетел из ямы, но вместе с тем не мог отвести взор от страшного предмета, извлеченного им из мусора.

То, что он вытащил теперь, совершенно выходило из области его практики и привело его в ужас.

Поверх ямы с вонзенным в мясо крючком тряпичника лежала согнутая в колене человеческая нога — одна нога. На ней был белый нитяный чулок, перевязанный красной тесемкой под коленом, а с другой стороны — рваное мясо и кусок расщепленной кости.

Тишка вдруг завизжал и, оставив мешок и кучу собранного им мусора, бросился во двор, где работали дворники.

В его визге было что-то такое, что дворник Дмитрий, с полным равнодушием слушавший вопли избиваемого под воротами участка лихого мазурика, отодвинулся от вязанки дров, которую собирался взвалить на спину, и двинулся к вопившему Тишке.

— Чего ты? — спросил он, когда тряпичник ткнулся ему в ноги.

— Там... там... и — и-и-о-ой! — провизжал Тишка.

— Что там? Где? Ишь, непутевый! — с недоумением проговорил Дмитрий.

— Чего он? — выбежав из дверей черной лестницы, спросил его другой дворник.

— А шут его знает! Надо быть, напугался чего, — ответил Дмитрий, — ишь ведь...

Тишка при виде обоих дворников начал успокаиваться.

— Там ворошил, — кивая головой в сторону выгребной ямы, сказал он голосом, полным ужаса, — и вдруг... нога...

— Нога? — воскликнул прибежавший дворник и весело загоготал: — Сама собой? Го-го-го!

— Ишь, что почудилось! — сказал Дмитрий. — Ну, ну, пойдем! Где нога?

Оба дворника двинулись к выгребной яме, а Тишка поплелся за ними.

На дворе показалась горничная в байковом платке.

— Анфиса Алексеевна, — закричал веселый дворник. — Пожалте ногу смотреть!

— Какую там ногу? — весело выкрикнула горничная.

— Самую заправдашную, вроде привиденья, — ответил дворник.

— А ну вас! — отозвалась горничная, однако поправила пококетливее платок на голове и двинулась за дворниками.

Они зашли за флигель, подошли к выгребной яме и отпрянули от нее все трое, а Тишка в отдалении защелкал зубами. Горничная огласила двор пронзительным криком, веселый дворник словно онемел, а Дмитрий взмахнул руками и глухо произнес: "Вот те как! Нога! И впрямь нога!" Но через мгновение он очнулся, быстро схватил Тишку за шиворот и деловито сказал веселому дворнику:

— Беги сейчас, зови старшего, а я тут побуду. А ты никуда! — обратился он к Тишке. — Потому ты нашел, тебе и отвечать.

Дворник бегом пустился за старшим, горничная продолжала визжать, Тишка ревел во весь голос, а Дмитрий задумчиво глядел на отрубленную ногу в нитяном чулке с вонзенным в нее крючком тряпичника.

Почти в то же время и почти то же самое произошло и на дворе в доме под No 68 на богатой Сергиевской улице. Только в куче мусора оказалась не нога, а рука, и нашел ее не глупый Тишка, а смышленый парень Григорий Силантьев.

Увидев такую находку, он поспешно положил в свой мешок все добытое им из ямы, перекинул мешок через плечо, неторопливо прошел через двор, вышел из ворот и уже тогда задал тягу. Рука, отрезанная по самое плечо, с судорожно сжатыми пальцами, промерзлая, лежала поверх мусора в яме.

Великолепный дог генерала Чупрынина совершал свою утреннюю прогулку. Обнюхав и исследовав все углы и тумбы переднего двора, он забежал на задний, заглянул там в выгребную яму, прельстился недвижно лежащей рукой и, ухватив ее в свою громадную пасть, степенной рысцой побежал со двора на лестницу, в кухню, в расчете позавтракать мясным блюдом.

Генерал Чупрынин вставал рано. Денщик обычно растирал его ледяной водой, после чего генерал умывался, садился в кабинете к круглому преддиванному столу и за стаканом крепкого кофе читал "Новое время".

В это утро Чупрынин выпил уже с полстакана кофе, прочел телеграммы и только что приготовился к высокому наслаждению, которое он всегда испытывал от чтения статей Меншикова, как вдруг из кухни раздался такой невероятный визг, что генерал отбросил газету и вскочил с кресла.

— Безобразие! — пробормотал он и нажал кнопку звонка.

Денщик очутился в кабинете раньше, чем раздался звонок.

— Ты опять там, каналия?.. — начал генерал, но, увидав растерянное лицо денщика, переменил тон и спросил: — Что такое?

— Так что, ваше превосходительство, Милорд руку ест, — пробормотал денщик.

3

Из кухни раздавались истеричные вопли. Генерал встрепенулся.

— Взбесился, что ли, и грызет?

— Так что, ваше превосходительство, со двора принес и ест.

— Что? — остолбенел генерал. — Со двора руку?

— Так точно-с! — дрожа подтвердил денщик.

— Что за черт! — выругался генерал.

— Серж, что там такое? Какой-то ужас! — проговорила генеральша, выглядывая из спальни.

— Глупость какая-то! — ответил генерал, быстро шагая к кухне, откуда неслись плач и вопли.

Горничная визжала в истерике, толстая кухарка хлопала себя по бедрам и не своим голосом кричала:

— Отдай! Отдай, отдай!

Из-под стола слышалось сердитое рычанье огромного дога.

Генерал крикнул на безумно вопивших "Молчать!" — что, однако, не возымело никакого действия, и нагнулся, чтобы заглянуть под стол.

Дог зарычал еще грознее.

Генерал невольно отпрянул. Под передними лапами собаки лежала человеческая рука, отрезанная по самое плечо. Дог успел вырвать из нее кусок мяса.

Через мгновенье генерал очнулся.

— Дай кочергу! — скомандовал он денщику. — Бери щетку! Отнимай у него! Милорд, иси, брось! Я тебе!...

Голос Чупрынина гремел, как труба; горничная визжала; кухарка бессмысленно вопила: "Отдай, отдай!"; генерал стучал кочергой, денщик — щеткой; собака рычала.

Генеральша не выдержала, и из ее спальни послышались крики:

— Мадемуазель!... Спрячьте детей! Серж! О Боже!...

Собака с окровавленной мордой была выгнана на лестницу: денщик вытащил щеткой руку на середину кухни, и генерал с нахмуренным лицом созерцал и обонял ее, так как она успела уже оттаять и потемнеть.

Женщины пришли в себя и робко прижались к углу кухни, всхлипывая от волнения.

— Зови старшего дворника! — крикнул генерал денщику. — Это — правая рука какой-то женщины, несомненно убитой, — заключил он. — Руки не трогать с места! — сказал он горничной и кухарке, теперь онемевшим от ужаса, и пошел из кухни успокаивать свою супругу.

СТРАШНЫЙ БАГАЖ

Найденная рука и нога побывали в участках, а затем с соответствующими протоколами были препровождены в прозекторскую Обуховской больницы. Теперь они лежали на клеенке, обложенные льдом, посиневшие, страшные ужасом того преступления, которое было совершено над их владельцем.

Почти весь штат сыскной полиции, доктора и следователь собрались у страшных находок. Начальник сыскной полиции держал в руках протоколы полиции и делился мыслями со следователем.

— Да, — сказал он, хмуря белые брови, — несомненное преступление.

— Несомненное, — подтвердил и следователь.

— И преступник очень ловкий, вроде Джека-вспарывателя. Репортеры были? — обратился он к агентам.

— Заходили двое, обещали прийти еще раз, — доложил молодой человек с прыщами на лице.

— Тайн никаких, — сказал начальник. — Рассказывайте всем.

— Слушаю-с! — ответил молодой человек.

— Фотографии сняли? — спросил начальник у помощника.

— Во всех видах, — ответил тот — плотный, коренастый господин, похожий на фельдфебеля в отставке.

— Ногу в чулке и без чулка?

— Так точно-с.

— И руку?

— И руку.

— А опрос сделали? — обратился начальник сыскной полиции к агентам, в участках которых были сделаны страшные находки.

— Так точно-с, — ответили в голос оба агента; один — маленький, рыжий, в веснушках, другой — высокий, тощий, как голодающий индус, и черный, как жук.

— Так. А измерение и описание?

— Сделаны.

— Ну, проверим, — сказал следователь и взял протоколы врачей; начальник развернул протоколы полиции, а помощник вынул из кармана два листка. — "Нога, — сказал следователь,

5

смотря на протокол. — Левая нога, отрезанная от трупа женщины неискусной в операции рукой. По виду ноги владелица имела около тридцати лет". Ну, это — их специальность, — пробормотал следователь. — А вот, — и он начал читать: "Согнута в колене, под углом в сорок градусов".

— У меня тридцать шесть, — сказал начальник.

— Видите ли, — объяснил его помощник, — она была мерзлая, потом оттаяла, потом ее мерили и согнули, когда замораживали. Вот-с.

Начальник кивнул головой.

— Ну, это не нужно. Дальше!

— "Кожа ровная, гладкая, на мизинце мозоль, под коленом родимое пятно, величиной с серебряный пятак", — продолжал следователь.

— Верно-с!

— "Выше колена повреждение, причиненное острым орудием..."

— Это Тишка-тряпичник крючком, — пояснил рыжий агент.

— Ну, ну, — недовольно произнес следователь и продолжал: — "Уж над мертвой ногой, причем вырван кусок мяса. Нога отделена от паха сначала острым орудием, а затем кость грубо перебита топором или сечкой, отчего конец ее неровен и расщеплен. Длина ноги от конца кости до ступни один аршин четыре вершка".

— Верно, четыре вершка, — подтвердил помощник.

— "Рука, — продолжал следователь, — правая, несомненно женская, отделена от плечевого сустава грубо и неумело. Длина от конца расщепленной кости двенадцать вершков с половиной".

— Верно.

— "Выше локтя рана, очевидно сделанная зубами собаки".

— Генеральская собака, — сказал помощник.

— И все.

— Однако немного, — сказал следователь и задумался.

А начальник решительно произнес:

— Непременно надо найти правую ногу и левую руку.

Агенты смущенно переглянулись.

— Да, да! Осмотреть все выгребные ямы! Мы найдем этого злодея, — и начальник поднял палец.

— Что же, — сказал следователь, вздохнул и закрыл портфель, — нам, пожалуй, делать здесь нечего. Едем?

— Я тоже, — сказал начальник.

— Что прикажете делать с рукой и ногой? — спросил фельдшер.

— Пусть полежат пока, — ответил следователь. — Так я пошел.

— Всего лучшего! — распрощался с ним начальник сыскной полиции и сказал помощнику: — И мы домой!

Они уехали в свое управление.

Едва начальник вошел в кабинет, как пред ним явился дежурный чиновник.

— Что такое? — недовольно спросил начальник.

— Сообщение по телефону, — ответил дежурный, — от жандармского управления Варшавского вокзала.

— Ну, в чем дело?

— В Вильну пришел багаж, а в нем голова и рубленое мясо.

— А... а, — взволнованно воскликнул начальник. — Вот и след. Это от той же женщины. Ну, что дальше?

— Его переслали сюда, а нас спрашивают.

— Сюда доставить, доставить немедленно! Чухарев, поезжайте вы, — закричал начальник, обращаясь к рыжему агенту.

Тот от радостного волнения застегнул пиджак на все пуговицы и воскликнул:

— Лечу, лечу... в один миг.

— И сейчас же мне доложите, — сказал начальник. — Известите по телефону следователя и прокурора.

Чухарев умчался.

Начальник вышел в общую комнату и обратился к помощнику:

— Август Семенович, пойдемте-ка! — и снова направился в кабинет.

Оставшиеся агенты ожили.

— Без Патмосова не обойтись, — сказал молодой человек в прыщах.

— Уж будто? — отозвался черный агент.

— Кто же найдет?

— А хоть бы я? — ответил тот.

— Нет, это не так легко. Если бы какой след, а то на - рука и нога, — сказал пожилой агент. — Над этим и сам Путилин {Знаменитый русский представитель сыскного дела, долгое время бывший начальником сыскного отделения в Петербурге и выяснивший массу весьма сложных, загадочных преступлений. — Прим. авт.} задумался бы.

— А Патмосов найдет, — с уверенностью повторил прыщавый молодой человек.

— Тот может, — согласились все.

Между тем начальник с помощником сидели в кабинете, курили и обменивались впечатлениями.

— Вот случай! — возбужденно и радостно говорил начальник. — Преступление — и никакого следа. Интересно, как бы справился тут Путилин?

— Гм... — пробурчал помощник, дымя папиросой. — И нам, пожалуй...

— А мы найдем, — воскликнул начальник. — Нынче для этого нужны совсем другие приемы, мой милый Август Семенович; мы, сидя здесь, в кабинете, доберемся. Да.

— То есть как же?

Лицо начальника просияло; он закурил новую папиросу, откинулся на спинку кресла и почти крикнул:

— Умом, Август Семенович, умом! Путилин и Леко-ки всякие чутьем брали, а мы — умом. Да!... Найдем эту женщину.

— А как найдем?

— Кусочками. Вот теперь еще голова, а там руку, ногу...

— А потом?

— Восстановим ее, а там — кому нужна ее смерть, и дальше, дальше...

Помощник, выпустив струю дыма, покрутил головой, не смея спорить со своим начальником.

А в это время Чухарев уже летел обратно в канцелярию с новой страшной находкой, завернутой в две рогожи. Он выскочил из саней у подъезда, суетливо приказал сторожам вынуть поклажу и бросился в кабинет начальника.

— Привез, — заявил он, тяжело переводя дух. — Вот протокол и донесение, — и он подал бумаги.

— Надо подождать прокурора и следователя, — сказал начальник. — Обуза! — и он вздохнул.

Товарищ прокурора и следователь приехали почти тотчас. Все прошли в общую комнату, где их уже ожидала коробка с почтовым извещением; "Большой скоростью. Город Вильно. Станиславу Личинскому. Немецкая улица, No 68". Со всех сторон было написано: "Осторожно".

— А что там? — спросил начальник, указывая на коробку.

Чухарев вздрогнул и заморгал.

— Вскройте! — приказал следователь.

Сторожа привычной рукой сняли веревки, ловко вспороли клеенку и раскрыли большую коробку, из тех, в каких портнихи возят платья.

— Крышку!

Сторожа расстегнули ремень, сбросили крышку и

отшатнулись с побледневшими лицами. По комнате распространился тяжелый запах разлагающегося трупа.

Товарищ прокурора, следователь и начальник с помощником приблизились к коробке и, нагнувшись, заглянули в нее. Было от чего содрогнуться даже привычному человеку. Наполнившие комнаты агенты поочередно подходили, заглядывая из-за спины начальства, и в ужасе отшатывались.

В коробке стояла большая, глубокая глиняная чашка овальной формы, наполненная кусками рубленого мяса, и на этой груде кровавого, почерневшего мяса лежала безносая голова с выражением безмятежного покоя на обезображенном лице; темно-русые волосы покрывали часть страшного мяса.

— Необходим доктор, — сказал начальник. — Вызовите по телефону!

Все в сыскном отделении пришло в волнение. Сверху спустили фотографа с камерой и стали снимать страшный багаж с боков и сверху. Все служащие перебывали в комнате и заглянули в коробку.

Наконец приехал доктор, и начались осмотр и подробная опись страшной посылки.

— Редкое, исключительное дело, — произнес следователь. — Помню, было когда-то убийство Зона, после того еще два случая посылки трупа багажом, но такого изуверства не было.

— Что-то невероятно злодейское, — возмутился молодой товарищ прокурора. — Вы, доктор, говорите, молодая женщина?

— Лет тридцати.

— Рука и нога, несомненно, ее, — воскликнул начальник сыскной полиции.

— Ясно, ясно, — подтвердил его помощник.

— Что это — сумасшествие, безумная месть или ревность? — мечтательно заговорил товарищ прокурора. — Ужасно!

Следователь со спокойным лицом быстро писал, составляя протокол.

— И пахнет же! — сказал он, ставя точку и кладя перо.

— Необходимо отправить в прозекторскую, — произнес доктор, — я произведу анализ и исследование.

— Просто в чашке?

— Понятно. Это все остается вам.

— И никаких следов! — воскликнул начальник полиции. — Я думал, что по голове узнаем жертву, но лицо так обезображено...

— А коробка, веревка, клеенка? — сказал следователь.

— Мало ли их? Преступление совершено не ранее как неделю назад. Следов нет, — произнес начальник, покачав головой, и шепотом прибавил помощнику: — Но мы их придумаем и найдем.

На другой день столичные газеты были полны описаниями страшных находок, багажа и всего темного кровавого дела. Даже так называемые большие газеты выделили это происшествие из обычной хроники, а мелкая пресса посвятила ему целые столбцы.

Кухарки, горничные и швеи взвизгивали и закрывали лицо руками, когда в мелочной лавке бойкий приказчик читал кровавые описания. Дворники, лакеи и писари с деловым видом обсуждали это происшествие. То же, в немного измененном виде, происходило и в семьях чиновников среднего круга, и в салонах высшего круга.

III

ДЕЙСТВУЮЩИЕ ЛИЦА

Присяжный поверенный Алексей Петрович Горянин праздновал двадцатую годовщину своей свадьбы. Хотя это событие в течение остальных дней в году и сам Горянин, и его жена признавали за несчастье своей жизни, все же они праздновали его, пользуясь случаем устроить необходимую для связей вечеринку. А на этот раз Горянин только что получил хороший гонорар и сделал вечер, не скупясь на расходы.

Большой зал, гостиная, кабинет и даже спальня, обращенная в карточную, не считая столовой, были ярко освещены и предоставлены гостям, которые сидели, ходили, стояли поодиночке и группами, оживляя красиво убранные комнаты.

Хозяйка дома, томная Евгения Павловна, красивая сорокалетняя дама, сидела на диване в гостиной с двумя пожилыми дамами, окруженная мужчинами. Ее муж, Алексей Петрович, с возбужденным лицом проносился из комнаты в комнату, то подсаживаясь к одним, то останавливаясь подле других, там угощая, здесь устраивая партию в винт, и олицетворял собою радушного хозяина.

В кабинете его приятели пили пунш и разговаривали о

прокурорах, речах, процессах и гонорарах. В зале молодежь танцевала под рояль; в гостиной гремел граммофон, в спальне-карточной раздавались возгласы: "Пики, трефы, четыре пики, малый шлем, без одной", — и голос генерала Чупрынина в общем шуме гудел, как шмель в летний полдень.

В гостиной Евгения Павловна изнывала, стараясь поддержать скучный разговор с двумя пожилыми дамами и в то же время удерживать подле себя мужское общество. Вдруг, словно на помощь ей, вошла Дьякова.

— Душечка, Елена Семеновна, побудьте с нами, садитесь! — радостно воскликнула Евгения Павловна.

Несколько мужчин быстро, как на пружине, вскочили с мест и подвинули Дьяковой стулья и кресла. Она опустилась в кресло и стала обмахиваться веером.

Это была красивая брюнетка, лет двадцати семи, полногрудая, высокая, с алыми губами и матовой кожей. Если прибавить к этому, что она третий год вдовела и обладала изрядным состоянием, то не покажется удивительным, что несколько человек из числа находившихся в кабинете, оставив пунш и товарищей, перешли в гостиную, а бывшие в гостиной мужчины как-то подтянулись, глаза их замаслились, и на лицах их расплылась улыбка.

Дьякова отлично понимала настроение окружающих и, обмахиваясь веером, заговорила тоном капризного ребенка:

— Дорогая Евгения Павловна! Мужчины несносны... Они умеют только ухаживать, говорить пошлости и ничего занимательного. Я пришла отдохнуть с вами.

Горянина снисходительно улыбнулась.

— Вы жестоки к ним. Я, как хозяйка, должна заступиться за моих гостей. Господа, вы обязаны сейчас же увлечь нас беседой, — обратилась она к мужчинам.

Молодой товарищ прокурора (из лицеистов) поправил на носу пенсне, выпятил грудь и картаво произнес:

— Но, уважаемая Евгения Павловна, такое оскорбление... и всем сразу! — он развел руками. — Елена Семеновна не в духе и за это...

— Да, я не в духе, — заговорила, перебивая его, Дьякова, — сегодня я целый вечер только и слыхала у вас какие-то юридические разговоры.

— Влияние профессии, — засмеялся адвокат.

— Позвольте, — выступил из толпы военный юрист, — вы несправедливы. Если бы вы, например, прислушались к теме, которую мы только что дебатировали в кабинете, то непременно заинтересовались бы, хотя она и юридическая.

— Отчасти, — сказал молодой капитан.

— Что же это за тема? — спросила Дьякова.

— Ну, послушаем, — пропела Евгения Павловна.

— Вот видите, — оживился юрист, — извольте послушать. — Он изящно оперся о спинку кресла, в котором сидел молодой товарищ прокурора, и, слегка покачиваясь, заговорил: — Уважаемый Петр Станиславович, — он указал на стоящего поодаль полного пожилого господина с бритым лицом, — уверяет, что в настоящее время почти нет скрытых преступлений.

— Это что значит? — спросила Дьякова.

— То есть таких, которые совершенно остались в полной тайне.

— Как же мы о них можем знать, если они остались в полной тайне? — спросила Дьякова, снова обмахиваясь веером.

— Браво, браво! — раздались кругом голоса. — Петр Станиславович побит сразу.

Полный господин сделал шаг вперед, и на его бритых губах мелькнула снисходительная улыбка.

— Семен Николаевич несколько извратил мои слова. Это — продолжение разговора, отвлечение в сторону, и мысль, не мне принадлежащая. Я сказал собственно о преступнике.

— Но если есть скрытое преступление, то, значит, и преступник скрыт? — заметила Дьякова.

— Браво! — крикнул капитан.

— Вы чрезвычайно остроумны, — сказал с легким поклоном полный господин.

Хозяйка дома поспешила тотчас представить его:

— Петр Станиславович Светевич, наш прокурор, гроза защиты.

Светевич снова поклонился.

— Что гроза при современных громоотводах? — сказал он шутливо и продолжал: — Да, сударыня, но я не то имел в мыслях. Я утверждал, что, раз преступление обнаружено, преступник уже не скроется. Да! При современном ведении следствия и постановке сыскной части преступнику не укрыться. Вот мои слова.

Он замолчал и отодвинулся.

— Прошу извинения, — заговорил военный юрист. — Я действительно передал содержание уже дальнейшего спора.

— А как же, — заговорила Дьякова, — вот в Петербурге, где-то на Выборгской стороне, нашли застреленную женщину, а убийцы нет. Да вот и теперь... убийство Нолькен на острове Эзеле, в Вильне — Друцкого-Любецкого.

— Найдут!

— Ищут и найдут! — сурово сказал прокурор.

— Вот мы об этом и спорили, — включился молодой капитан. — Согласитесь, что если преступление задумает умный, с воображением человек, то он может выполнить все так тонко и обдуманно, что окажется совершенно в стороне.

Дьякова вдруг вздрогнула.

— Да, этот спор интересен, — сказала она.

— Что за тема! — томно произнесла Евгения Павловна.

— Если исключить действия сумасшедшего, — сказал прокурор, — то преступник не сможет совершенно устранить себя уже потому, что в преступлении, несомненно, замешаны его близкие интересы. А кроме того, всегда наблюдается психологическая черта в преступниках. В последний момент они теряются, и не бывает случая, чтобы они не оставили какого-нибудь заметного следа, приметы.

— За исключением случаев гипнотического внушения, — насмешливым, резким голосом произнес брюнет с внешностью актера.

Он стоял позади всех у притолоки дверей, и все обернулись, услышав его замечание.

Дьякова сразу встрепенулась, и на ее лице появился легкий румянец.

— Это вы, Григорий Владимирович? Что же вы не подойдете? — воскликнула хозяйка.

Гости расступились.

Брюнет, изящно одетый в смокинг, легко и быстро подошел к дамам.

— Где же вы были? — с упреком спросила Горянина. — Господа, Григорий Владимирович Чемизов, — отрекомендовала она брюнета.

Последний пожал руки нескольким из окружающих. Дьякова обратила на него общее внимание, спросив его:

— Что вы сказали про гипнотизм?

— Я сказал, что преступление может быть совершено человеком в гипнозе, по внушению, — просто ответил Чемизов. — Тогда будет трудно найти преступника.

— Ну, это уже из области романа, — с улыбкой заметил прокурор. — Одно время на эту тему таких романов появилась целая серия.

— Роман — это жизнь, а жизнь часто дает темы, которые не решается обрабатывать романист; они кажутся слишком фантастичны.

13

— Чемизов, — спросила хозяйка, — вы занимались гипнотизмом?

— Гипнотизмом, спиритизмом, чернокнижием, всем, — раздался веселый голос Горянина, пробегавшего через гостиную. Он на мгновенье остановился, дружески поздоровался с Чемизовым и сказал Дьяковой: — Заставьте его показать свои знания.

— Глупости! — пробормотал брюнет.

— Не краснейте, а удивляйте! — сказал Горянин и побежал дальше.

— Вот если вы действительно в силах, устройте нам преступление по внушению, — настаивал военный юрист.

— Да, да, — подхватила хозяйка, — Елена Семеновна, просите!

— Непременно... он должен! — воскликнула Дьякова. — Правда, Григорий Владимирович?

Чемизов молча поклонился. Лицо его побледнело. В ту же минуту по всем комнатам пронеслась весть об интересном опыте, и гостиная переполнилась народом.

— Перейдемте в зал, — предложила хозяйка, поднимаясь с дивана.

В зале тотчас образовалось нечто вроде сцены. Все поспешили занять стулья, и Чемизов остался один посреди зала.

Он провел рукой по лицу и, обратясь к сидящим, сказал:

— Хорошо, я продемонстрирую один опыт, если вам угодно: совершенно неповинный, ни о чем преступном не думающий человек совершит ужасное преступление. Кто желает подвергнуться опыту?

Со всех сторон раздались голоса; несколько студентов и барышень просили с умилением.

Чемизов остановил свой выбор на молодом товарище прокурора, и тот, видимо, остался доволен возможностью играть роль.

— Я попрошу вас с двумя провожатыми выйти на минуту в соседнюю комнату, — сказал Чемизов и, когда товарищ прокурора вышел, продолжал: — Теперь я попрошу барышню или даму.

— Я, — вызвалась Дьякова. — Вы усыплять меня не будете?

— Ни на минуту. Теперь прошу запомнить, что я вам скажу. Вы должны будете делать все, что я вам укажу.

Дьякова кивнула.

— Пожалуйте! — крикнул Чемизов.

Молодой товарищ прокурора — невысокого роста,

фатоватого вида рыжеватый блондин — с вызывающей улыбкой подошел к Чемизову:

— Что прикажете делать? Убивать? Грабить?

На лицах гостей промелькнула улыбка.

— Теперь пока сядьте, — спокойно сказал Чемизов.

Товарищ прокурора вдруг смутился, а в зале наступила тишина.

— Снимите пенсне, примите покойную позу! Вот так! — Чемизов усадил гипнотизируемого, поправил руки, откинул ему голову и начал опыт. Он не делал обычных пассов, а просто остановился над ним и стал смотреть на него, потом резко и громко сказал: — Спи!

У товарища прокурора мотнулась голова, и он, несомненно, заснул.

— Он спит, — сказал Чемизов. — Теперь, господа, знаете ли вы его настолько, чтобы поверить ему, что он не в заговоре со мною?

— Да он вас в первый раз видит, — сказала хозяйка. — Вы, наверно, и не знаете, кто это.

— Я здоровался с ним, когда вы меня назвали.

— Это — Хрюмин, Аркадий Львович, наш друг, — сказал Горянин. — Он скорее изобличит вас.

А Хрюмин, видимо, сладко спал. Чемизов обратился к Дьяковой:

— Теперь я попрошу вас сесть вот хоть к роялю, а потом, когда я подам знак, прилягте на этот диван. Да, да, не стесняйтесь, общество извинит нас. После этого господин Хрюмин зарежет вас.

Дьякова вздрогнула.

— Как будто! — улыбнулся Чемизов, заметив ее страх, и обратился к хозяину дома: — Алексей Петрович, будьте добры дать разрезной нож.

— Какой? Бронзовый, костяной?

— Лучше деревянный, если есть.

А Хрюмин мирно спал на стуле и даже полуоткрыл рот.

Горянин принес нож.

— Спасибо. Я положу его сюда. — Чемизов положил нож на столик подле рояля, а затем обратился к Елене Семеновне: — Пересядьте, пожалуйста, вот сюда, к роялю. Я начинаю. — Он положил руку на голову Хрюмина и застыл, видимо делая нравственное напряжение, потом выпрямился, дунул в лицо Хрюмина и громко сказал: — Проснитесь!

Хрюмин почти сразу открыл глаза, огляделся, словно что-то вспомнил, затем, надев пенсне, встал и сказал:

— Ну что, интересный опыт?

— Ничего себе, — ответил ему военный юрист. — Вы спали как сурок.

— Только-то? — усмехаясь, сказал Хрюмин и перешел через зал.

Все смотрели на товарища прокурора, а потом на Чемизова с недоумением и легкой усмешкой. Чемизов отошел к хозяйке и опустился подле нее.

Вдруг Хрюмин встал. Все его лицо, вся фигура преобразились. Он тихо пошел к Дьяковой, сидевшей у рояля, нежно сказал ей:

— Прощай, голубка! Я пойду позаймусь, а ты ляг.

Он тихо поцеловал Дьякову в лоб и опять отошел на свое место, словно играл свою роль на сцене.

Гости замерли. Хозяйка ухватилась за руку Чемизова и проговорила:

— Мне страшно!

Чемизов подал знак Дьяковой, и она, перейдя от рояля к дивану, прилегла на него, кокетливо расправив? юбку.

Прошло несколько мгновений. Хрюмин снова перешел зал. Теперь и походка, и движения его были совершенно иные, чем до тех пор. Он взял со стола нож и стал осторожно красться к Дьяковой.

Евгения Павловна впилась в руку Чемизова; Дьякова приподнялась, и лицо ее выразило ужас. Ужас охватил и всех присутствующих — на их глазах совершалось убийство.

Забавный, фатоватый Хрюмин был теперь страшен. Он снова приблизился к Дьяковой и поднял нож.

— Ай! — раздался ее истерический возглас, и она, сразу сев на диван, забилась в угол.

— Ай-ай! — раздались возгласы.

Хрюмин выронил нож и снова очнулся.

— Что с вами? — спросил он у Дьяковой.

— Ай! — закричала она и, оттолкнув его, бросилась от дивана.

Хрюмин совершенно растерялся, и его лицо стало так забавно, что впечатление пережитого страха у всех исчезло и раздался дружный смех.

— Что такое? Я ничего не понимаю, — растерянно сказал Хрюмин.

— Ничего, дружище! — со смехом воскликнул капитан. — Ты сейчас объяснялся в любви Елене Семеновне и до смерти напугал ее... Ха-ха-ха!

— Господа, ужинать, — закричал Горянин, — дамы ведут кавалеров.

— Вы — ужасный человек, — тихо сказала Дьякова Чемизову, ведя его в столовую.

— Ужаса не существует, — ответил он, — ужас — это неведение. Узнайте — и нет ужаса.

— Я хочу вас узнать, — прошептала она.

Гости садились за стол. Горянин суетился подле них, пока все не уселись, а затем стал удивлять всех закусками, гастрономическими блюдами и винами.

— Однако что это было за представление? — спросил прокурор за ужином.

— Убийство по внушению, — ответил Чемизов. — Вообразите, я решил убить эту женщину и убиваю ее рукой ее мужа. Вот и все. Найдите убийцу!

— Ужасно, — прошептала Дьякова.

— Да-с, найдите, — вдруг загудел с конца стола голос генерала Чупрынина. — Третьего дня, ваше превосходительство, Милорд мне на кухню женскую руку принес. Да-с!

— Ах, это вам? — раздался возглас.

— Мне, — отозвался генерал и продолжал: — И потом читаю — ногу нашли, а там — голову. А? Найдите убийц!

— Эти будут найдены, — уверенно отозвался прокурор.

— Замечательное явление, — подхватил военный юрист, — повторяется тип преступления — корзинки, отправка багажом.

— Опять преступление? — воскликнула Дьякова. — Говорите, Бога ради, о другом.

— За здоровье двадцать лет проживших в супружеском согласии, — шутливо крикнул Горянин, поднимая бокал.

Гости охотно поддержали тост и поспешили к виновникам торжества с бокалами и поздравлениями. Настроение повысилось, и вечер пошел своим чередом. После хорошего ужина в тоне беседы всего общества чувствовалась какая-то особенно дружественная нотка, словно все друг с другом сблизились.

Жизнь ведет людей каждого своей колеей, но судьба незримо перепутывает следы, сбивает дороги и ткет свой узор из тысячей жизней, переплетая их, как искусная ткачиха на своем станке. Не раз случается, что чуждые друг другу люди, не знавшие до того один другого, внезапно начинают влиять на счастье и несчастье другого: вдруг в тихую жизнь одних ураганом врывается жизнь какого-то нового индивида, ранее чужого, и происходит катастрофа. В мире всегда так. Никто не знает, зачем что-либо случится, куда влечет судьба, откуда является какое-либо влияние и для чего свершается то или иное событие. То, что люди зовут случаем, чаще бывает неизбежным и роковым.

Чемизов проводил Дьякову и поехал к себе домой; генерал Чупрынин доиграл девятый робер и отправился домой со своей генеральшей. Хрюмин и прокурор тоже вернулись в свои квартиры. Горянины проводили последних гостей и стали устраивать себе спальню в кабинете, так как их обычная спальня, превращенная в карточную, носила следы пребывания многих гостей. А судьба плела свой узор и вплетала нити жизни в клетки своей канвы.

IV

ПОИСКИ НАУДАЧУ

Генерал Чупрынин с женой всем рассказывали про вчерашнюю находку их Милорда. Прокурор, бывший на вечере у Горянина, лично заинтересовался этим делом, и в течение недели во всех слоях общества только и говорили что о таинственных кровавых находках, а в газетах репортеры наживали денежки, спеша производить во всех статьях не только сообщения из полиции, но даже собственные соображения на тему: "Таинственное преступление".

Суд передал это дело следователю по особо важным делам, а градоначальник на обычном докладе начальника сыскной полиции сказал ему:

— Особенно прошу обратить внимание на это преступление. Оно наделало много шума, да и вообще в столице не может быть не раскрыто такое страшное дело.

— Употреблю все старание, ваше превосходительство, — ответил начальник сыскной полиции и, вернувшись с доклада, сказал своему помощнику: — Во что бы то ни стало, Август Семенович, это дело надо распутать. Нашумело оно, и мы должны отыскать преступников.

— Употреблю все старание, ваше превосходительство, — ответил помощник.

— Что нашел доктор?

18

— В чашке нарублено мясо всего трупа. Доктор нашел там большой палец руки, пальцы ноги, внутренности.

— Я думаю сначала поручить дело этим... как их?.. которые нашли.

— Чухарев и Калмыков.

— Вот им. Каковы они?

— Старательные и горят рвением.

— Ну, ну! И каждый день мне доклад.

— Слушаю, — сказал помощник начальника сыска и, выйдя из кабинета последнего, тотчас вызвал к себе Чухарева и Калмыкова. Когда те явились, он сказал им: — Его превосходительство поручает вам расследование дела о таинственном преступлении. Теперь у вас случай отличиться. В городе только и говорят об этом деле.

Лица Чухарева и Калмыкова просияли.

— Употреблю все старания, — сказали они в один голос.

— Ну и с Богом! Каждое утро мне докладывайте, как идет дело.

Агенты поклонились и вышли из кабинета помощника начальника.

Маленький, рыжий и более экспансивный Чухарев, едва они вышли в коридор, сказал Калмыкову:

— Мы, Потап Никитич, пройдем в "Плевну" и поговорим. Надо действовать согласно; дело мозговое.

— Пройдем! — мрачно ответил Калмыков.

Они спустились вниз, оделись и через двадцать минут уже сидели в отдельном кабинете трактира "Плевна". Перед ними стояли графин водки, селедка, грибы, вареный картофель и горячая солонина; несмотря на раннее время, из общего зала до них доносились звуки вальса "Дунайские волны".

Чухарев налил в рюмки водку, чокнулся с Калмыковым, опрокинул рюмку с таким видом, словно это была вовсе не водка, а уксусная эссенция.

— Вот и поговорим! — начал Чухарев. — Прежде всего это — несомненное преступление...

— Дурак, — лаконически сказал Калмыков. — Кто же не знает, что это — преступление?

— Я это для слога. Ну, хорошо. Итак, убита женщина.

— Опять это все знают.

— Ах, не перебивай! Убита женщина. Но чего ради? А? Из ревности — раз; чтобы отвязаться — два; чтобы ограбить — три.

Чухарев отложил вилку и, выставив красную, веснушчатую руку, загибал на ней пальцы.

Калмыков слушал и ел с таким мрачным видом, словно на

тарелках лежали не солонина, картофель, грибы и прочее, а куски изрезанной женщины.

Но Чухарев забыл о еде и продолжал:

— Разберем. В первом случае я допускаю женщину, но в остальных двух — только мужчина. Ищи мужчину. А какие следы? А?

Калмыков, продолжая хранить молчание, налил себе четвертую рюмку водки, выпил и стал доедать солонину.

А Чухарев продолжал:

— А какие следы? Никаких. Но есть кончики, — он поднял палец, увидел себя в зеркале и лукаво подмигнул себе, — и какие кончики!...

— Да говори, черт тебя возьми, попросту! — вдруг почти крикнул Калмыков, окончив еду, потому что на тарелках ничего не осталось.

Чухарев обидчиво взглянул на собутыльника и торопливо проговорил:

— Я разумею веревки, клеенку, картонку и глиняную чашку.

— Это значит, ты полагаешь необходимым разведать, кто купил эти предметы?

— Единственный способ.

— Неделю тому назад, десять дней, две недели? — вопросительно произнес Калмыков.

— Единственный способ, — повторил Чухарев.

— По всему Петербургу?

— Единственный спо... — начал было опять Чухарев свои излюбленные слова, но Калмыков не дал ему договорить, а прервал его выкриком:

— Ну, ты и ищи!

— А ты?

— А я буду опознавать личность — предъявлю фотографию по участкам.

— Без носа?

— И без носа.

Чухарев обиженно засопел:

— Что же, мы друг другу не помешаем. Иди опознавай, а я искать буду. Только вот... — лицо его приняло умильное выражение, — что откроем, так вместе. Идет?

Калмыков кивнул.

— Ну, и отлично! — оживился Чухарев. — Выпьем и идем. Эй, малый! — и он, ухватив звонок, стал неистово звонить.

В кабинетик влетел половой.

— Чего изволите?

— Графинчик, солонинки и поросеночка.

20

Половой взмахнул грязной салфеткой, сунул ее под мышку и исчез.

— Пойдем и прославимся, — сказал Чухарев, потирая руки.

Спустя два часа они выходили из трактира "Плевна", пылая рвением сейчас же пуститься на розыски, и никто не заподозрил бы их в том, что они только что расправились с тремя графинами водки и с полудюжиной бутылок пива. Только Чухарев несколько оживленнее махал руками и чаще смеялся, а Калмыков стал еще мрачнее и угрюмее.

Помощник начальника сыскной полиции, узнав о том, что надумали эти два агента, беспрекословно распорядился отпечатать фотографию убитой по количеству участков для Калмыкова и выдать Чухареву веревки, клеенку, коробку и чашку.

На другой день агенты принялись за работу. Она была немаленькая.

Чухарев с утра до поздней ночи ходил с веревками по всем лавкам, спрашивая, не помнят ли покупателя этих веревок, но веревки были самые обыкновенные, и первый сыщик только и слышал один ответ: "Мало ли народа ходит? Где всех упомнить? Такая веревка везде есть. Может, и у нас куплено. А как узнаешь?" Но Чухарев не унывал и продолжал свой обход с настойчивостью монаха, давшего обет.

Калмыков не отставал от него в упорстве. Он взял список всех гостиниц и меблированных комнат и, пока фотограф печатал копии снимков с обезображенной головы, с одним экземпляром фотографии совершил обход всех вышеуказанных учреждений с целью опознания убитой. Но и его преследовала неудача. Хозяева, хозяйки, коридорные, прислуга при взгляде на мертвую голову с безносым лицом вздрагивали от ужаса и омерзения, а потом говорили: "Как такую узнать? Не припомним!" Однако Калмыков тоже не унывал.

Каждое утро оба этих агента аккуратно являлись к помощнику начальника сыскной полиции и уныло говорили:

— Ничего не нашли. Ни следа.

— Ну, молодцы! — укорял их помощник. — А я еще вас хвалил. Ищите, а то худо будет.

Агенты выслушивали этот укор и снова отправлялись на поиски.

Между тем помощник начальника сыскной полиции в свою очередь являлся к своему патрону и, разводя руками, заявлял:

— Ничего не нашли, стараются, но никаких следов.

— Ах, Господи! Режете вы меня, Август Семенович! — восклицал начальник. — Пригрозите им, пусть стараются.

— Я и то...

А начальник, в свою очередь окончив доклад градоначальнику, говорил последнему:

— А по розыскам об изрезанном трупе еще ничего не открыто.

— Возмутительно! Вероятно, мало стараетесь. Этак нельзя. Необходимо раскрыть это дело, необходимо!

— Приложу все старания, ваше превосходительство! — бормотал начальник и возвращался в свою канцелярию не в духе. — Черт знает что — горячился он, обращаясь к помощнику. — Ведь убийца должен быть, Август Семенович? А? Так его непременно найти надо. Вот что.

— Приложу все старания, — отвечал помощник и на следующее утро распекал Чухарева и Колмыкова.

А они ли уже не старались? Чухарев обошел все лавки с веревками и теперь ходил с клеенкой, Калмыков разослал карточки по участкам, и их видели все дворники, а результат был все тот же, вернее — никакого результата.

Калмыков стал еще мрачнее и даже на время отказался от водки, а Чухарев потерял всякую развязность и ходил как мокрая курица.

Преступление налицо, а преступник исчез, как ключ в воду. А ведь, сколько людей его видели и могли бы уследить! Где-нибудь жила его жертва, и он посещал ее, и кто-нибудь отворял ему двери, помогал раздеваться и провожал его. Кто-нибудь продал ему и веревки, и клеенку, и чашку, и картонку, кто-нибудь нес его страшный багаж; кто-нибудь писал и выдавал ему квитанцию. И вот, если бы собрать всех этих людей и расспросить...

Чухарев хватался за голову и рычал так, что его жена испуганно вздрагивала.

"Собрать и расспросить", — сказать это легко, но когда в столице насчитывается чуть ли не два миллиона жителей, это является невозможным делом.

— Путилин и тот отказался бы, — шептал Чухарев, в отчаянии всплескивая руками.

— Завтра отказываюсь. Ну их, пусть выгоняют! — вдруг заявил Калмыков, выйдя однажды от помощника начальника, от которого только что получил обычный разгон.

— И я с тобой, — подхватил Чухарев. — Найти невозможно.

И вдруг в эту самую минуту появился человек, который не только знал убитую женщину, но указал и убийцу.

Чухарев и Калмыков сразу ожили.

V

БЛЕСНУВШИЙ СВЕТ

Как раз в ту минуту, когда Чухарев высказал полное сочувствие своему сотруднику по розыску, подошел господин и сказал, видимо теряясь:

— Как бы мне господина начальника повидать или кого из старших?

— Вам на что? — быстро спросил Чухарев. — Если заявление о краже или просто пропажа, то надо к дежурному.

— Что дежурный! — откликнулся посетитель. — У меня важнейшее дело. Во какое!

— Тогда к начальнику, — сказал Чухарев и закричал сторожу: — Степан, к его превосходительству.

Сторож обратился к посетителю:

— Как доложить о вас?

— А скажи — купец Семечкин, саратовский купец. Так и скажи! Егор Егорович Семечкин.

Сторож ушел докладывать, а Чухарев внимательно оглядел купца Семечкина. Это был плотный, коренастый мужчина, лет сорока трех, с типичным лицом русского смышленого человека. Его серые глаза глядели с легкою усмешкой, сочные губы слегка улыбались; у него были русые волосы, рыжеватая борода, красные, крепкие щеки. Одет он был в клетчатую тройку; толстая золотая цепь висела у него на жилете, а на указательном пальце правой руки сверкал крупный бриллиант.

— А по какому делу? — не удержав любопытства, спросил Чухарев.

— Сродственница тут у нас пропала. А у вас... — начал Семечкин.

Чухарев так и впился в него взором, но в это мгновение к ним подошел сторож и сказал купцу:

— Пожалуйте!

Семечкин не окончил фразы и пошел за сторожем.

— Подождем! Кажется, по нашему делу, — сказал Чухарев Калмыкову, весь дрожа от волнения.

Калмыков только кивнул, и они прошли в общую комнату, где собирались агенты всех участков.

Тем временем Семечкин вошел в кабинет начальника сыскной полиции, сел по его приглашению и рассказал ему свое дело:

— Сродственница жила у меня в Саратове, не так чтобы близкая, вдова моего троюродного брата, купца Коровина. Брат, как помер, весь ей капитал и торговлю оставил. На рынке он торговал, большущий магазин имел — посуда, керосин, свечи и отделение с бакалеей. Хорошая торговля была. А я, собственно, по хлебной части, мельница у меня.

Семечкин достал платок и вытер лицо. Начальник слушал его, нетерпеливо барабаня пальцами по столу.

— В чем же дело?

— Дело-то тут и начинается, — сказал Семечкин и, спрятав платок, продолжал: — Как брат это, значит, помер, и осталась Настасья Петровна молодой вдовой с магазином, капиталом и как есть одна...

— Без детей, хотите вы сказать?

— Вот именно-с... Тут все за ней. Известно, невеста очень интересная. И я тоже вроде как бы жениха.

— Молодая, говорите?

— В самый аккурат. Тридцать два года. Ну-с, а она веселится и живет. И все "хи-хи-хи" да "ха-ха-ха". И вдруг это к нам гость из Питера. И через кого втерся — не пойму... так, навождение. Сам, значится, курский мещанин, я уж потом справился, Антон Степанович Кругликов, а уж ловкий да обходительный, что тебе барин первостатейный.

— Вы, пожалуйста, о деле. Ведь это — рассказ какой-то, — нетерпеливо перебил его начальник сыскной полиции.

— О деле и говорю-с, по порядку докладываю, — ответил Семечкин и невозмутимо продолжал: — Усы рыжие, борода рыжая, волосы рыжие, а лицо белое-белое, что маска. Губы красные, а глаза бегают, как жуки. Говорить мастак, да все эдак деликатно, а уж франт — не приведи Бог! Джентльмен — одно слово. И бабы все от него без ума, только и слов: "Кругликов" да "Кругликов". А пуще всех Настасья Петровна.

— Это — вдова?

— Она самая. Прошло немного времени — и вдруг она решила магазин продавать и в Питер. Тут на нее все напустились, и я тоже. Как можно! Я на коленках стоял, просил. Ни-ни... "Еду", да и все. А тот, Кругликов то есть, уехал и письмо к ней. Я уж это доподлинно знаю. И продала... за тридцать тысяч с товаром и лавкою. Лавка-то каменная, особнячок. Да-с, так вот продала, значится, вдовушка дело свое, деньги собрала и уехала.

Семечкин замолчал.

Начальник сыскной полиции, видимо еще ничего не поняв и теряя терпение, спросил:

— В чем же дело?

— А в том, что пропала наша вдовушка, что сквозь землю провалилась... то есть ни слуха ни духа. Писем никаких. Ейная сестрица у нас, в Покровской слободе, замужем за Козявкиным, дюже забеспокоилась. Стали через знакомых справляться, не слыхать ли что-либо, значит, о беглой вдовице — куда тебе! Нет. Теперича я на розыски поехал, и нет ее ни в Москве, ни в Петербурге.

— Ну-с, так что же, собственно, вам надо? Она — женщина свободная, совершеннолетняя, со средствами. Может, она по России катается, может, за границей, — сказал не без раздражения начальник.

— Так-то оно так, — ответил Семечкин, — только сдается нам, что здесь что-то неладное. Думается, что этот самый Кругликов ей голову смыл. И вот по этому самому, чтобы помощи у начальства поискать да все разузнать, я к вам и явился.

Начальника вдруг озарила мысль. Он нажал кнопку звонка к помощнику и, когда последний явился, сказал ему:

— Дайте-ка сюда, Август Семенович, фотографию той... из посылки.

— Слушаю-с! — и помощник немедленно удалился.

— Сейчас я вам покажу карточку, — продолжал между тем начальник, обращаясь к Семечкину.

Через минуту помощник вошел с фотографией. Начальник взял ее и передал Семечкину. Тот взглянул на нее и завопил:

— Она... она! Настенька, милая, что он с тобой сделал?! И нос, паршивец, отрезал!... Ой, чуяло мое сердце! — и купец, вынув платок, стал вытирать катившиеся из глаз слезы. В своем горе он был истинно жалок. — Вот, — всхлипывая, продолжал он, — ведь упрашивал ее, словно чуял беду, — не послушалась. Эх, Настя, Настя!

— Так вы признаете ее? — быстро спросил начальник.

— Да как же-с? Пошлите в Саратов, каждый ее признает.

— Август Семенович, это очень важно. Мы сразу открыли ее. Теперь только схватить преступника, — сказал начальник сыскной полиции помощнику, а затем обратился опять к купцу: — Позвольте вас спросить...

— Спрашивайте! Я сам ничего не пожелею, лишь бы найти мерзавца, погубившего Настеньку, — энергично сказал Семечкин.

— Прежде всего вы. Кто вы? Где остановились?

— Я же говорил, — ответил Семечкин, — саратовский купец первой гильдии Егор Егорович Семечкин, вдовый,

25

православный, сорока трех лет. Живу здесь на Невском, в меблированных комнатах "Монплезир".

— Так! Вас к следователю вызовут.

— А куда хотите, лишь бы схватить того мерзавца, то есть Кругликова.

— Ну, теперь он не уйдет, — с улыбкой сказал начальник сыскной полиции. — Много через неделю вы его увидите здесь. А теперь повторите, как вы назвали убитую.

— Вдова купца первой гильдии Анастасия Петровна Коровина, тридцати двух лет, из Саратова.

— Так. Нет ли у вас ее фотографии?

— Как же-с... с собой принес. Извольте! — и Семечкин подал начальнику фотографическую карточку. Тот увидел жизнерадостное молодое лицо типичной русской красавицы и воскликнул:

— Отлично! Ну, а того как звать?

— Курский мещанин Антон Степанович Кругликов.

— Вы записали, Август Семенович?

— Все.

Начальник встал, давая понять Семечкину, что прием окончился.

— Идите к себе домой и ждите. Вы увидите, как мы его живо сцапаем. Да! И сами не уезжайте... ни-ни! Вы еще нам пригодитесь.

— Никуда-с... будьте без сомнения, — сказал Семечкин, кланяясь и на цыпочках уходя из кабинета.

Начальник радостно потер руки и сказал помощнику:

— Вот удача-то! А? Сразу все открылось — и жертва, и преступник. Увлек, завел, убил и ограбил. Ну-с, Август Семенович, будем действовать. Наши молодцы здесь?

— Кажется, здесь еще. Сейчас! — помощник выскочил в коридор узнать, не ушли ли Чухарев с Калмыковым, и тотчас же вернулся в кабинет начальника, — Здесь.

— Так, — сказал начальник и нахмурился. Потом он встряхнул головой и решительно заговорил: — Пусть идут в адресный стол и узнают, где жили этот Кругликов и Коровина. Потом один пойдет по указанным адресам и разузнает все про их жизнь. Пусть возьмет фотографию. А другой пусть пройдет по участкам, где они были прописаны, и тоже наведет справки. Затем пошлите телеграмму с допросом, что за птица этот Кругликов. В Курск пошлите, затем в Саратов — откуда он взялся и куда выехал, затем в Москву, не жил ли такой, и по всем большим городам. Поняли? И делайте это сейчас, не медля.

— Слушаю-с, — сказал помощник и, выйдя из кабинета, тотчас приказал позвать к себе Чухарева и Калмыкова.

Те оба сразу ожили, едва услыхали сообщение помощника.

— Теперь уж он от нас не уйдет. Мы живо, — воскликнул Чухарев. — Я, Август Семенович, сразу почувствовал что-то, едва увидел этого Семечкина.

— И я, — мрачно сказал Калмыков.

— Ну, хорошо! Вот вам инструкции — и с Богом, — сказал им помощник начальника и углубился в составление телеграмм.

Чухарев и Калмыков прямо направились в адресный стол. Они прошли в справочное отделение и, как свои люди, начали перебрасывать карточки. Чухарев искал Кругликова, а Калмыков — Коровину.

— Есть! — сказал Калмыков.

— И я нашел, — отозвался Чухарев и, вынув бумажку, взял карандаш и начал делать выписки. "Приехал 10 октября, прописан по Литейному проспекту, в д. No 51, меблированные комнаты. Жил до 1 ноября. Прописан в Толмазовом переулке, в д. No 3, меблированные комнаты. Жил до 25 ноября. Прописан — Невский пр., дом No 54, меблированные комнаты. Жил до 5 декабря. Выехал". Больше справок не было. Хотя после каждой справки значилась отметка: "Выехал из города". — Так, — сказал Чухарев, — а у тебя?

Калмыков показал свою выписку, и она оказалась с теми же адресами.

— Значит, вместе. Ну, тем легче, выходит. Ты теперь по участкам, а я — по адресам, — и Чухарев, встряхнув руку сотоварища по делу, вышел из помещения адресного стола.

Он решил идти по порядку выписки и посетить сперва дом No 51 по Литейному проспекту.

Меблированные комнаты Галушкина занимали в этом доме четыре квартиры. Чухарев прошел к самому хозяину и спросил о Кругликове и Коровиной.

— Как же... у меня жили. Снимали двадцатый номер. Переехали. Позвольте! — Галушкин взял со стола книгу, посмотрел в нее и сказал: — Въехали вечером девятого октября с вечерним поездом. Оба вместе, как муж и жена. Я даже так поначалу подумал. А уехали, как есть, тридцать первого числа. Он сказывал, что к себе, в Сибирь куда-то.

— В Сибирь он потом пойдет, — с усмешкой сказал Чухарев, записав показания. — Ну, а как они жили?

— Да и это сейчас объясним, — сказал Галушкин и позвонил.

Вошел слуга.

— Позови мне Машу! — распорядился Галушкин и, когда слуга вышел, объяснил Чухареву: — Это — горничная из того коридора.

В комнату вошла миловидная девушка.

— Вот, Маша, — обратился к ней хозяин, — расскажи этому господину, как жили Крутиков и Коровина. Помнишь их? Он такой рыжий, с бородой.

— Очень хорошо помню, — ответила девушка. — По-хорошему жили... как муж с женой. Она раз мне даже сказывала, что бумаги у них не все еще выправлены, а как выправят, так и поженятся. Все целовались. Больше дома сидели, а как вечер, так и в театре.

— Заходил к ним кто-нибудь?

— Не помню... кажись, никого. В одиночестве жили.

— И не ссорились?

— Никогда.

— А в чем дело-то? — спросил Галушкин.

— Ее убили и изрезали на куски. Вот голова ее, — сказал Чухарев, показывая фотографию.

— Ай-ай-ай! — изумился Галушкин, беря снимок. Маша подошла и тоже стала разглядывать его.

— Не признаю, — сказал Галушкин, — да и видел я ее мало — только как приехала.

— Она! — закричала Маша, взглянув на фотографию. — Вот как живая.

Чухарев ушел. Первый успех ободрил его. Он сознавал, что напал на след, и шел по нему, как добрая ищейка.

В Толмазовом переулке меблированные комнаты занимали целый надворный флигель в два этажа. К Чухареву на лестницу вышел сам хозяин, лысый старик в темных очках, и провел его в свободную комнату.

Чухарев объяснил, кто он и зачем пришел.

— Как же!... Очень хорошо помню. Приехали вечером тридцать первого октября. Хорошо помню. Еще у меня тогда жилец из третьего номера сбежал. Номер четырнадцатый заняли, отличный... два рубля в сутки.

— Как жили? Кто им прислуживал?

— Прислуживала Анютка. Только ее нет теперь — прогнал я ее, подлую. А как жили, я знаю. Я всех жильцов знаю — время есть, я и слежу.

— Дружно жили? Бывали у них кто-нибудь? Заезжали?

— Дружно, очень. Видно, любовники. Днем спали, потом шли обедать вместе, а вечером в театр или куда. Дел никаких не

28

делали, и никого у них не было. А потом вдруг она хворать начала, да все круче, круче. Он беда как убивался, все мне жаловался. "Боюсь, — говорит, — умрет". Я говорю: "Доктора позовите!" А он: "Нет, — говорит, — я ее лучше домой увезу". И увез. Закутал всю, — шалями покрыл и увез.

— Когда и куда?

— Позвольте... Это было... сейчас после Екатерины... Да, да, двадцать пятого ноября увез. Сказывал, домой — в Красноярск, что ли. "А в Москве, — говорит, — полечу".

Чухарев прошел на Невский проспект, в дом No 54. Там его встретила хозяйка.

— Кругликов? — заговорила она. — Такой рыжий, с бородой? Как же, помню! Он недолго жил — всего неделю или дней десять. Приехал с больной женщиной, и как ввел ее, так они и заперлись. Редко даже прислуга входила. Он то придет, то уйдет, а она все лежит... даже неприятно было. А потом один раз вывел ее, всю закутанную, и увез. "В больницу", — говорит. А там через три дня и сам уехал... один.

— А поклажа была?

— Как же! Чемодан слуга выносил, а с ним сверток с подушкой, сумочка дорожная, да в руке еще картонка.

— Зашитая?

— Да. Будто от платья.

— Справьтесь: когда въехал и выехал? Когда ее выписали?

— Сейчас! — Хозяйка поднялась с кресла, достала книгу, надела очки и стала искать по страницам. — Вот, — и она указала на записку.

Чухарев нагнулся и прочел: "Кругликов, Антон Семенович, мещанин, приехал из Петербурга 25 ноября. Комната No 8, выехал 5 декабря. Коровина, Анастасия Петровна, купеческая вдова, приехала из Петербурга 25 ноября, комната No 8, выехала 1 декабря".

— Благодарю вас, — сказал Чухарев и вышел.

Жар его остыл сразу. Что же дальше? Ну вот, проследил он Кругликова до самого конца, и все. Сперва тот ее, то есть Коровину, вывез, а потом сам уехал. Черт знает что! Ничего и не разобрать!

Сыщик покрутил головой, тихим шагом направился в знакомый ему трактир "Плевна" и, к своей радости, увидал там Калмыкова.

Тот с мрачным, сосредоточенным видом пил пиво. Кругом полупьяные мужчины и веселые женщины оглашали зал смехом, визгом и говором, орган с увлечением гудел "Гейшу", а Калмыков сидел мрачнее тучи.

— И ты тут? — окликнул его Чухарев.

— И я тут.

— Ну, что сделал? — спросил Чухарев, а затем, не дожидаясь ответа, сел к столу, подозвал лакея, заказал ему водку и еду и снова повторил свой вопрос.

— Ничего, — мрачно ответил Калмыков. — Везде прописан по порядку. Паспорта как паспорта. Выписывали везде в отъезд, и все. Ищи ветра в поле! Нет, я откажусь. Решено. Ну их! А ты?..

Чухарев вздохнул, переждал, пока ему подали то, что он заказал, потом выпил водки, закусил и лишь после этого сказал:

— И я тоже. Ходил, ходил, все будто делаю что — а там хлоп, и ничего нет. Был этот самый Кругликов и весь вышел. Не сыскать его, нет!

— Главное — следов нет, — сказал Калмыков.

Чухарев кивнул головой, выпил еще рюмку и стал жадно есть, а Калмыков молча пил свое пиво.

Потом и Чухарев перешел на пиво, и поздно вечером они, взявшись под руку, пошатываясь, направились к своим домам. Встречные хулиганы и жулики узнавали их и с почтением здоровались с ними.

VI

УВЛЕЧЕНИЕ И ЛЮБОВЬ

В буфетной комнате при совете присяжных поверенных в углу за столиком сидели Горянин и его друг Прохоров, тоже присяжный поверенный.

— Да ты изменился, — сказал ему Горянин, продолжая разговор.

— Изменишься! — желчно ответил Прохоров. — От тебя я не скрываюсь. Я влюблен в нее, как гимназист. Одно время она как будто отвечала мне. Помнишь — в театре? Евгения Павловна пошутила насчет свадьбы, и она ничего...

Горянин молча кивнул головой.

— И вдруг, — со злобой в голосе сказал Прохоров, — является этот Чемизов — и все прахом. — Он стукнул по колену сжатым кулаком и замолчал. Его красивое, с тонкими чертами

30

лицо омрачилось, густые брови сдвинулись, серые глаза потемнели. — Скажи мне, Алексей Петрович, — продолжал он, — откуда этот Чемизов? Где ты достал его?

Горянин беспечно пожал плечами.

— Встретился с ним в кружке Полонского. Кого там не бывает! Разговорились, и он вдруг оказался моим товарищем по гимназии. До пятого класса шли вместе, а там он в юнкерское перешел. Вот и все. Где он был по сие время — не знаю, что он и кто он — тоже. Живет хорошо, видимо, обладает средствами, холост и, главное, занимателен...

— Черт знает! — возмутился Прохоров. — Ты вводишь его в свой дом, со всеми знакомишь...

— Ревность? — засмеялся Горянин. — Да отчего же не ввести мне его в дом? Он вполне приличен, интересен, знает массу анекдотов. К тому же в нем есть что-то таинственное.

— Вот-вот! Елена Семеновна убеждена, что это — необыкновенный человек, — сказал Прохоров.

— Моя Евгения Павловна — тоже, — подхватил Горянин. — Он у нас раза три в неделю бывает. А согласись, — сказал он, смеясь, — тогда, вечером, он всех занял?

— Простой опыт гипнотического внушения, и попался ему дурачок Хрюмин.

— Ну, мы бы и этого не сделали.

— Потому что не фокусники, а если бы и сделали, то не для увеселения публики...

— Ну, ты совсем взбесился! — пожав плечами, воскликнул Горянин и встал. — Пойду в канцелярию, почитаю дело. До свиданья! Заходи!

— Зайду, — Прохоров задержал руку Алексея Петровича, — а про Чемизова этого я наведу справки. А?

— Наводи, коли охота есть, — и Горянин, кивнув головой, вышел.

Прохоров опустил голову и задумался.

С год тому назад он познакомился с Еленой Семеновной Дьяковой и полюбил ее. Она не отклоняла его ухаживания, появлялась с ним и на вечерах у знакомых, и в театре, и на выставках, позволяла касаться интимной стороны жизни и вдруг сразу словно отрезала — с того злополучного вечера у Горянина.

Если бы это случилось сто лет тому назад, Прохоров просто зарезал бы этого Чемизова. А теперь...

Прохоров вздохнул, встал и уныло побрел по коридору.

"Сегодня же увижу ее и объяснюсь", — решил он и вдруг ободрился.

31

Дома он пообедал, отбыл свои приемные часы, к восьми часам вечера оделся и поехал к Дьяковой. Горничная встретила его и, не растворяя двери, через цепочку сказала:

— Барыни дома нет. Уехали в театр.

— Одна?

По лицу горничной скользнула чуть заметная усмешка.

— С Григорием Владимировичем. Они теперь завсегда с ними ездят.

У Прохорова закружилась голова.

— Кланяйся барыне, скажи, что я был, — проговорил он, стараясь казаться равнодушным, и стал спускаться с лестницы.

На улице он очнулся. Тоска охватила его жгучей болью.

— О, черт! — вслух произнес он. — Не гоняться же мне за нею.

Вдруг он услышал возглас: "Сергей Филиппович! Наше вам!" — и, подняв голову, увидел купца Авдахова, которого однажды защищал в суде.

— Савелий Кузьмич, здравствуйте! — сказал он.

— Вот рад-то! — воскликнул Авдахов, запахнув дорогую шубу. Его лицо лоснилось, глаза маслились, губы затягивала блаженная улыбка, и только теперь адвокат заметил, что купец немного пьян. — Вот рад-то, — повторил тот. — Вы куда изволили?

— А никуда, так...

Авдахов восторженно всплеснул руками и завопил:

— Ловлю, коли так, не выпущу. Едем с нами! Уж и угостим же мы вас!... Сегодня вы — мой... Егор! — крикнул он. — Ходи сюда!

Прохоров оглянулся и увидел, как из широких саней, запряженных парой под синей сеткой, стал выходить крепкий, коренастый мужчина в дорогой шубе и бобровой шапке.

— Егорий! Вот друг, — крикнул Авдахов, — господин Прохоров, адвокат... Меня спас, всему научит. Зови с нами! Это, — сказал он Прохорову, — мой кум, Егор Егорович Семечкин, купец из Саратова. Тоже по хлебной части.

Семечкин протянул руку Сергею Филипповичу и сказал:

— Сделайте честь! Не побрезгуйте!

Прохоров был рад забыться.

— С удовольствием, — согласился он и через минуту сидел в санях против купцов-приятелей.

— В "Самарканд"! — крикнул Авдахов своему кучеру.

Сани двинулись и понеслись по снежным улицам.

А в это время Дьякова переживала давно забытые чувства.

На сцене знаменитый артист в костюме Демона пел свою

песню Тамаре, и мягкие звуки ласкающей струей вливались в душу Елены Семеновны. У своего локтя она чувствовала руку Чемизова, и от его прикосновения острая дрожь проходила по всему ее телу.

— "В любви, как в злобе, верь, Тамара, я неизменен..." Не смею сказать: велик, — прошептал Чемизов, когда певец под гром рукоплесканий окончил свою арию.

Дьякова чуть заметно вздрогнула и окинула своего собеседника томным, разнеженным взглядом.

По окончании каждого акта она выходила в фойе и, опираясь на руку Чемизова, прогуливалась там, среди оживленно гудящей толпы.

Чемизов был красив. Его лицо со строгими, правильными чертами, с глубоко сидящими и сверкающими глазами невольно останавливало на себе внимание; какую-то особую торжественность приобретало оно от гладко выбритых усов и бороды. Он был высок ростом, строен, в безукоризненно чистом белье, и вся его фигура производила впечатление аристократичности. Дьякова шла, опираясь о его руку, и с тщеславным удовольствием замечала, какими взглядами окидывают ее спутника встречающиеся девушки и дамы.

— Когда я смотрю на вас со стороны, — сказала она своему кавалеру, — вы мне кажетесь чем-то вроде великого магистра масонской ложи.

Чемизов, улыбнувшись, сказал:

— Может быть, это и так.

— В вас есть что-то недосказанное, — сильнее опираясь на его руку, сказала Елена Семеновна, — словно тайна. И это влечет...

— Вы верите в симпатию и антипатию? — спросил он.

— О да!

— Я сразу почувствовал, что вы станете на моей дороге, едва увидел вас, — тихо продолжал Чемизов. — До этих пор я считал себя свободным, как сокол.

— А теперь? — тихо спросила молодая вдовушка.

— Теперь я связан...

Эти слова, сказанные почти шепотом, были для Дьяковой слаще всей прослушанной музыки. Она взглянула на своего спутника и увидела строго сжатые губы, нахмуренный лоб и сосредоточенно смотрящие пред собою глаза. Что-то роковое показалось ей в его лице, и она почувствовала власть этого человека над собой. Спектакль окончился.

— Ну, домой! — весело сказала Елена Семеновна.

Чемизов помог ей накинуть ротонду, надеть капор, и они вышли на широкую площадь, залитую электрическим светом.

Был легкий мороз. В воздухе кружились снежинки, тихо спускаясь на одежду и на землю нежными сияющими звездочками.

— Хотите прокатиться? — сказал Чемизов.

— О, с радостью! — ответила Дьякова.

Чемизов выбрал лихача, бережно усадил свою даму в санки, сел рядом, охватил ее талию правой рукой и сказал кучеру:

— По Каменноостровскому на Острова и назад.

Лихач тронул вожжами, и сани понеслись.

Они миновали город и помчались по широкому проспекту. Их сани обгоняли звенящие бубенчиками тройки. Навстречу тоже проносились сани и тройки, и на проспекте чувствовался разгул лихой жизни.

Но вот сани свернули налево, на Каменный остров. Шум проспекта остался позади, и Чемизова и Дьякову вдруг охватила торжественная тишина зимней ночи.

Кучер сдержал широкий бег рысака, и они двигались среди деревьев, опушенных снегом, сверкающих и искрящихся в волшебном лунном свете.

Все было словно сказка. Вокруг них, казалось, был сказочный, заколдованный лес; город с его шумом и жизнь с ее суетой остались далеко-далеко. Они были теперь словно Царь-девица и Иван-царевич на Сером Волке. Нет ничего, только они одни. Сладкая истома охватила Дьякову. Она почувствовала, что рука ее спутника крепче обняла ее, а вслед за тем другая рука проникла за полу ее ротонды, и их руки сплелись в горячем пожатии. К лицу Дьяковой склонилось лицо Чемизова, пред нею, как звезды, сверкнули его глаза. Она откинула голову, и в тот же миг его губы впились в ее и замерли в поцелуе. Небо, сверкающее звездами, казалось, приблизилось к ним. Елена Семеновна на миг потеряла сознание, и острая до боли истома охватила ее.

Но в этот момент кучер дернул вожжами, и сани понеслись в легком беге коня. Они свернули и снова выехали на проспект. Замелькали фонари, зазвенели бубенчики троек. Чемизов отнял свои губы и пожал руку Дьяковой. Она очнулась. Они уже были в городе.

— "Миг один, и нет волшебной сказки, и душа опять полна возможным", — продекламировал Григорий Владимирович.

— Ты любишь меня? — тихо спросила Дьякова.

— Зачем ты спрашиваешь? Ты ведь знаешь, — ответил он.

Елена Семеновна схватила его руку, сжала и замерла в сознании безмерного счастья.

Чемизов довез ее до дома, бережно высадил из саней и дождался, пока швейцар открыл дверь подъезда.

— До завтра... милый! — тихо сказала Дьякова.

— До завтра! — ответил Чемизов.

Дверь подъезда захлопнулась. Григорий Владимирович сел в сани и приказал кучеру:

— На угол Морской и Невского!

Через десять минут он входил в шумный игорный зал одного очень популярного клуба.

— А, Григорий Владимирович! Так и вы играете? — воскликнул Хрюмин, подходя к Чемизову.

— Играю.

— Счастливо?

— Сегодня буду играть счастливо, — уверенно ответил Чемизов.

— Ну, тогда я буду с вами в доле. Вот вам сто рублей.

Чемизов отстранил деньги, говоря:

— Я играю только на свое счастье и на свой страх.

Хрюмин деланно улыбнулся и спрятал деньги. Григорий Владимирович подошел к столу, где велась самая крупная игра, и начал крупными кушами. Счастье улыбалось ему, и он играл с каждым ударом все смелее.

— Место свободно, — сказал наконец банкомет, проиграв последние деньги.

— Я занял, — заявил Чемизов и сел за стол...

А в это время Дьякова лежала в постели, закинув за голову руки и устремив мечтательный взор в окружающую ее темноту. Ее взволнованная страстью грудь порывисто дышала; полуоткрытые губы улыбались и шептали имя Чемизова, доверяя сумраку ночи тайну своего сердца. И казалось ей, что она любит в первый раз — так горячо, так искренно было ее чувство.

А Прохоров в компании Авдахова, Семечкина и еще каких-то бородачей купцов слушал тоскливую песню цыганки Тани и плакал пьяными слезами.

35

VII

СВЕТ ПОГАС

Начальник сыскной полиции вернулся с утреннего доклада градоначальнику, видимо, довольный и, тотчас позвав к себе помощника, сказал ему:

— Вот, Август Семенович, его превосходительство остался доволен нами, а все-таки...

— По поводу чего?

— Да по делу о ноге и руке, — нетерпеливо сказал начальник. — Так вот теперь постараться надо. Да! Оказывается, этот генерал Чупрынин имеет огромнейшее знакомство и везде — понимаете ли? — везде рассказывал про своего Милорда и руку всякие ужасы. Графиня Фигли-Мигли сказала его превосходительству, что у нас, в Петербурге, жить страшно. Вообще шум из-за этого преступления не прекращается. Вы пока что сделайте, чтобы в газетах напечатали успокоительные известия: полиция, дескать, на следу, ну и вообще... — Начальник перевел дух, закурил папироску и спросил: — Ну, а что нового? Узнали что-нибудь?

Август Семенович развел руками и, помотав головой, ответил:

— Оба в совершенном унынии. Проследили, где останавливались эти Кругликов и Коровина; прописки все верные, Чухарев узнал, что эта Коровина вдруг стала хворать, в последнем местожительстве совсем не выходила. Потом Кругликов ее вывез, а затем сам уехал...

— Позвольте, — сказал начальник, морща лоб и почесывая переносицу, — здесь что-то есть. Позовите Чухарева!

Помощник вышел и вернулся с агентом. Маленький, в рыжем старом пиджаке Чухарев еще с порога начал кланяться начальнику.

— Расскажите мне о ваших розысках по порядку! — приказал ему начальник.

Чухарев переступил с ноги на ногу, одернул пиджак, кашлянул в руку и начал:

— Как мне изволил приказать Август Семенович, я поначалу отправился в адресный стол...

Вслед за тем Чухарев, оживляясь, рассказал все свои искания, не упуская ни малейшей подробности.

36

Начальник слушал его, играя разрезным ножом и морща лоб.

— Так! — сказал он. — Приехал, значит, девятого октября, а в конце ноября она стала хворать. После двадцать пятого она совсем слегла, и первого декабря он увез ее, а пятого — и сам уехал. Вот данные.

— Совершенно верно! — в один голос сказали Чухарев и Август Семенович.

— Отлично! — отбрасывая нож и беря папироску, произнес начальник. — Теперь это ясно.

На этот раз и помощник, и Чухарев промолчали.

— Ясно, что он ее отравил, а потом убил, — медленно проговорил начальник.

— Но он ее вывез из номеров, — сказал помощник.

— Вывез и убил, — ответил начальник.

— Где же?

— Вот и надо искать, — не смущаясь, ответил начальник. — Главное у нас есть: приметы и паспорт. Ну-с, а какие ответы по телеграфу?

— Только что получил, — помощник вышел и вернулся с пачкой телеграмм. — Вот что нам сообщают, — и он начал докладывать, по очереди кладя телеграмму за телеграммой на стол перед начальником. — "Москва. В начале сентября, до третьего числа, приехал Кругликов и остановился в "Лоскутной" гостинице, а восьмого октября выехал, дав выписку на Красноярск. Десятого сентября приехала Коровина, остановилась в "Большой Московской" гостинице. Уехала восьмого сентября, дав отметку в Тамбов".

— Отлично! — сказал начальник, проглядывая телеграммы. — Дальше!

— "Саратов. Кругликов приехал в июле, остановился в "Северной" гостинице, уехал первого сентября, отметился в Кишиневе". О Коровиной все то же, что вчера этот Семечкин говорил. Выехала седьмого сентября.

— Так!

— Далее! "Курск. Мещанин Кругликов, Антон Степанович, значится тридцати пяти лет, домовладелец. Занимается кондитерским ремеслом. Ни в чем замешан не был. В городе живет безотлучно".

Начальник усиленно закивал, и его лицо прояснилось.

— Остальные из Одессы, Киева, Харькова, Варшавы и других городов. Везде: "Нет". Кругликова не знают.

Начальник опять кивнул головой и затем произнес:

— Ясно: паспорт подложный. Мы имеем дело с хитрым

мошенником. Надо обличить теперь его настоящее имя. Да. Вы можете идти, — сказал начальник Чухареву. — В свое время вам будет указано, что делать.

Сыщик низко поклонился и вышел.

Тогда начальник сыскной полиции продолжал:

— А вы, Август Семенович, пригласите к нам Семечкина и покажите ему наши альбомы. Как знать? Может, среди них и окажется этот Кругликов. А я подумаю, что предпринять дальше. Пока оставьте меня!

Август Семенович вышел.

Между тем Чухарев прошел в общую комнату.

— Ну, что? — спросил его Калмыков.

— А ничего! Начальник сначала обрадовался, что у этого Кругликова паспорт есть, а потом обрадовался, когда последний оказался подложным. Вот те и паспорт!

— Да ну? Как же он?

— Ах ты, дурья голова! Да кто же это знает, кроме него самого? Вот и ищи!

— Нет, брат, я откажусь. Одна мечта! — решительно сказал Калмыков, тряхнув головой.

На другой день утром в сыскное отделение снова приехал Семечкин.

— Нашли его? — спросил он помощника.

— Ищем, ищем, уважаемый, — ответил Август Семенович, — а вас пригласили на помощь.

— Все, что угодно.

— А поищите его, может, и найдете. Я вас устрою в кабинете и пришлю вам альбомы жуликов, разбойников и прочего народа, а вы пересмотрите их.

— Да разве я вам не все сказал? Я думаю, у вас без прописки не проживешь.

— Так-то оно так, да если у него паспорт-то поддельный?!

Семечкин даже разинул рот. Как российский обыватель, он верил в силу и неприкосновенность паспорта настолько, что не мог допустить возможность его подделки.

— То-то и есть! — продолжал помощник. — Убийца — негодяй опасный; это теперь ясно. Мы навели в Курске справку. Есть Кругликов, живет безвыездно и кондитерством занимается. Вот-с поэтому и пригласили вас. Поищите!

— Что же, я с удовольствием, — сказал Семечкин. — Куда прикажете?

Помощник позвонил чиновнику, а тот провел Семечкина в отдельный кабинет, где на столе грудой было положено с десяток громадных альбомов. Собственно, это были переплетенные листы картона с наклеенными на них фотографическими карточками, по восьми карточек на листе.

Для физиономиста и наблюдателя эти карточки в альбомах — в некотором роде драгоценность. Здесь собраны так называемые преступные натуры. Всякий, кто попал в сыскное отделение, сфотографирован, измерен, записан, и в галерее портретов изображены лица страшных злодеев, воров и воровок, убийц, поджигателей, фальшивомонетчиков, бродяг и нищих. Тут и молодые, и старые, и подростки, мужчины, женщины.

Семечкин просматривал лист за листом, так что у него даже зарябило в глазах, и наконец закрыл последний альбом. Кругликова не было.

Семечкин закурил папиросу и задумался. Вспомнилась ему Настасья Петровна — высокая, стройная, широкая в плечах, с открытым, ясным лицом, которое от улыбки делалось краше весеннего солнца, и тут же — обезображенное, без носа на отрезанной голове. Семечкин вздрогнул. Да ведь это мог сделать только зверь, человек-чудовище.

"Ах, Настя, Настя!" — сокрушенно подумал Семечкин и, почувствовав на щеке слезу, быстро вытер лицо.

Чего бы не дал он, чтобы найти убийцу, а здесь, кажется, надежды были плохи. По паспорту уследят, а нет паспорта — и всякий след простыл.

В кабинет вошел чиновник.

— Ну, что? — спросил он.

— Ничего, — не без раздражения ответил Семечкин. — Разве мыслимо мне найти здесь? Я этого Кругликова не слишком хорошо знаю. Лицо помню, но не до такой тонкости.

— Да, — сказал чиновник, — это действительно трудно.

Семечкин вышел из сыскного отделения, чувствуя раздражение.

Он отправился в ресторан, позавтракал и, думая о своем деле, пришел к решению самому заняться розысками. Оставить безнаказанным убийцу он не допускал возможности. Если покойница не ответила на его любовь, то он, чтя ее память, не оставит убийцы без возмездия.

"Прежде всего посоветуюсь с Сергеем Филипповичем", — подумал он.

В ту беспутную ночь, которая прошла в пьяном угаре, он сблизился с Прохоровым. В пьяных излияниях у них было что-то общее, и Семечкин почувствовал к Прохорову глубокую симпатию. К кому же и обратиться, как не к нему?

Он тотчас потребовал адрес-календарь и выписал адрес Прохорова.

"Он и укажет, и научит", — думал совершенно успокоенный Семечкин, выходя на улицу.

От сыскной полиции ждать действительно было нечего. Начальник упал совсем духом, продумал двое суток и совершенно не находил, с которого конца взяться за дело. Калмыков пришел к помощнику с категорическим отказом, и помощник косвенно одобрил его.

— Действительно, — сказал он, — трудное дело. Никаких следов.

— В том и суть, — мрачно произнес Калмыков. — Если бы за что зацепиться, а то извод один.

— Я вам другое дело дам. Вот заявление, возьмите его и ищите! — и Август Семенович передал Калмыкову заявление о пропаже с чердака белья.

Калмыков ожил и, выйдя от помощника, сказал Чухареву:

— Иди и отказывайся. Все рукой махнули.

А в этот день, как нарочно, в столичных газетах было напечатано, что в настоящее время полиция напала на верный след и не сегодня-завтра общество узнает и настоящего злодея, и все кровавые подробности зверского преступления.

Начальник сыскного отделения прочел это сообщение и с досадой смял в руках газету.

— Словно издеваются, — пробормотал он и энергично позвонил. — Помощника! — сказал он курьеру, а когда Август Семенович явился, сказал: — Вот что, милейший. Мне в настоящее время очень некогда. Так вы возьмите на себя это дело о руке и ноге, и чтобы преступник был найден, я так и его превосходительству доложу. А репортеров гоните. Никаких сообщений! Они только путают без толка. Идите! — и он кивнул головой, а затем вздохнул с облегчением, когда помощник вышел из кабинета.

Август Семенович вошел в свой кабинет с таким выражением на лице, словно он проглотил тухлую устрицу. В это время к нему вошел Чухарев.

— Я пришел, Август Семенович, отказаться от этого дела, — сказал он.

— Ни под каким видом-с! Напротив, вы должны найти преступника во что бы то ни стало или выходите со службы. Вот что! Идите!

Чухарев выскочил как ошпаренный и схватился за голову, а помощник начальника вздохнул с видимым облегчением.

VIII

САМ ПО СЕБЕ

Семечкин, решив обратиться к Прохорову за советом, не хотел откладывать и направился к Авдахову, на Калашниковский проспект.

Авдахова он застал в лабазе за приемом муки. Целой вереницей стояли сани, нагруженные мешками. Крючники, засыпанные мукой, друг за другом входили в лабаз с мешками на спине, два приказчика вели счет мешкам, а Авдахов, завернувшись в лисью шубу, указывал, куда класть, покрикивал на приказчиков и томился от скуки.

— А! — радостно приветствовал он приятеля. — Егору Егоровичу нижайшее! Каким ветром занесло?

— Здравствуй, Савелий Кузьмич, — сказал Семечкин, осторожно проходя среди крючников с мешками и без мешков. — По дельцу к тебе.

— Очень превосходно! — обрадовался Авдахов. — Вы, мальцы, уже без меня примите, — сказал он своим приказчикам и обратился к Семечкину: — А мы с тобой в биржу пройдем, за парой чая и побалакаем.

Они перешли улицу и вошли в трактир "Биржа".

— Накось тебе, Ефремушка, — сказал Авдахов, сбрасывая швейцару шубу, — стряхни муку-то!

— Обязательно, Савелий Кузьмич, — приятельским, тоном ответил швейцар, подхватывая шубу.

— Эй, услужающий, — крикнул Авдахов, входя в общий зал. — Водочки закусить и пару чая.

— Я позавтракал, — заметил на это Семечкин.

— А тут закусишь. Вот в уголочке и сядем.

Они заняли столик в углу зала.
Посетителей не было. В этом трактире общий зал обращается в хлебную биржу в двенадцать часов дня, потом пустеет и снова наполняется уже вечером. В трактире было тихо, только по коридору из кабинетов доносились яростная игра на расстроенном пианино, смех, отдельные возгласы и звон посуды.

— Кто шумит? — спросил Авдахов у хлопотавшего подле их столика лакея.

— Селиванов, Никита Саввич. Сейчас после биржи, — ответил лакей улыбаясь.

— А! — Авдахов кивнул головой и объяснил Семечкину: — Хороший подряд устроил, заливает теперь. Ну, какое же твое дело? Сказывай!

Он налил водки, чокнулся, выпил и отправил в рот целый ломоть семги. Семечкин объяснил.

— Правильно! — кивнул Авдахов. — Сергей Филиппович — золотой человек! Я тогда какой дебош сочинил, он поехал, кого уговорил, кого смазал, а на суде вчистую: был невменяем. Всего три катеньки заплатил, а ему полсотни. Золотой человек! Теперь загордился, по мировым не ходит. Так тебе что?

— Когда принимает?

— С шести до восьми, каждый день. Теперь, — Авдахов посмотрел на часы, — четыре. До шести посидим, и валяй. Что вечером делаешь?

— А ничего. Тоска у меня, Савелий Кузьмич, лютая тоска, — ответил Семечкин с порывом.

— Оно точно! Так вот мы с тобой тоску эту душить и станем. От Сергея Филипповича кати сюда. Я подберу еще парочку, и махнем. Идет, что ли, а?

— Что ж, можно, — вяло ответил Семечкин.

Он едва дождался шести часов и торопливо поднялся.

— Так сюда и ворочайся, — сказал Авдахов. — Я не прощаюсь.

Егор Егорович вышел и поехал к Прохорову.

У Прохорова была практика, и в приемной сидели два клиента. Семечкин переждал всех и вошел последним.

— А, почтенный собутыльник! — приветствовал его Прохоров. — Какими ветрами?

— За советом, Сергей Филиппович. Душевное дело.

В голосе Семечкина послышалась сердечная боль, и Прохоров сразу проявил к нему внимание.

— Ну, садитесь, и будем разговаривать, — сказал он, указывая на кресло и садясь сам. — Рассказывайте!

Семечкин откашлялся.

— Помните наш дебош? Я тогда тоску заливал. Жил я себе, Сергей Филиппович, до сорока трех лет тихо, покойно и вдруг полюбил, да так полюбил, что ума лишился, покой потерял. А она нет. И вот ее-то, любовь мою, в куски изрезали, ограбили и надруганию предали.

— Что вы хотите этим сказать? — спросил Прохоров.

— Да то, что сказал: в куски изрезали.

И Семечкин рассказал все, что уже сообщил начальнику сыскной полиции, и затем передал о безуспешных розысках последней.

42

— Что же вы от меня хотите? — спросил Прохоров.

— Совета, Сергей Филиппович. Теперь я в эту полицию ни в грош не верю и сам решил за дело взяться. Жив не буду, если этого изверга не изобличу. Так вот, присоветуйте, как за это дело взяться, с чего начать, кому деньги платить.

Прохоров задумался. Потом вдруг он хлопнул себя по лбу.

— Нашел! Хорошо, что вы ко мне обратились. Понятно, сам я вам посоветовать что-нибудь, а тем более руководить розысками не могу, но знаю одного человека, который найдет вам этого убийцу.

— Кто же это? — быстро спросил Семечкин.

— Это, — и Прохоров торжественно произнес, — Борис Романович Патмосов. Запишите! Живет по Усачеву переулку, в доме номер двенадцать. Увидать его можете утром, до одиннадцати часов.

— Кто же он? — спросил Семечкин, записав адрес и имя.

— Он — знаменитейший сыщик. Сыщик по призванию. Покойный Путилин пред ним — мальчик, Лекок — ничтожество, а все эти Холмсы и Пинкертоны — выдуманные писателями фантастические сказки, тогда как мой Патмосов жив, и вы завтра увидите его.

— Вот спасибо! Я к нему завтра же утром.

— Непременно! — И увлеченный Прохоров продолжал расхваливать Патмосова: — Он, видите ли, окончил семинарию в провинции и приехал сюда, в Петербург, чтобы поступить в университет, но, будучи совершенным бедняком, вместо университета попал конторщиком к Бурцеву. Вероятно, знаете?

Семечкин утвердительно кивнул головой.

— У Бурцева вдруг оказалась большая растрата. И вот этот Патмосов стал искать, да каким-то уж очень хитрым способом раскрыл воровство, которое тянулось из года в год. Бурцев наградил его, а Патмосов почувствовал сразу влечение к сыску и прямо пошел к Путилину. Слыхали, верно?

— Начальник сыскной полиции был? — сказал Семечкин.

— Вот Путилин сразу понял его и взял на службу. Тут он скоро показал себя, особенно по делу об убийстве ростовщика Дергачева. Тогда трое невинных в подозрении были, а Патмосов настоящего четвертого нашел. Интересное дело! Ну-с, а потом, как Путилин помер, Патмосов вышел из состава полиции и стал заниматься сыскным делом лично, самостоятельно. Это, Егор Егорович, — знаменитость. Сколько он дел раскрыл, от которых все отказались, сколько тайн разоблачил! Он вам поможет.

— Благодарю вас, — с чувством сказал Семечкин. — Мне теперь уже наверное чуется, что он найдет.

— Он найдет. Завтра и идите к нему! — и, проводив своего гостя до передней, Прохоров вернулся в кабинет.

Семечкин ожил. Он приехал в трактир к Авдахову и весело сказал:

— Ну, брат, дело, кажется, на мази. Твой Сергей Филиппович мне такого человека указал, что просто любо-дорого!

— И превосходно. А теперь едем.

— Кати!

Семечкин вернулся к себе в номера, когда наступило уже утро, напился крепкого чая, переоделся и направился в Усачев переулок, к знаменитому Патмосову. Впрочем, последний был знаменит только среди людей своей профессии и тех, кому был нужен, обыкновенный же петербургский обыватель вряд ли слыхал его имя.

Семечкин поднялся по узкой, без швейцара, парадной лестнице, чисто выкрашенной масляной розовой краской. Ему отворила миловидная горничная и, взяв от него визитную карточку, провела его в кабинет к хозяину.

Семечкин вошел в просторную комнату и сразу заинтересовался ее убранством. Прямо против двери стояло бюро с опущенной крышкой; налево и направо по углам находились два узких, высоких шкафа. У стены направо были расставлены диван, круглый стол и два кресла, а налево — большой стол; недалеко виднелись шахматный столик и телефон.

Но внимание Семечкина привлекли не эти предметы, а то, что лежало на большом столе, и фотографии, висевшие по стенам. На стене, возле которой стояло бюро, между двух окон, висели портреты мужчин и дам, стариков, военных, статских и между ними большой портрет Путилина; на стене налево находились фотографии в размере визитных карточек, очевидно преступников, потому что многие были в арестантских халатах, некоторые с кандалами, а на правой стене были развешаны фотографии, полные ужаса. Это были страшные картины преступлений. Вот зарезанная на дорогой кровати красивая женщина; она голая лежала поперек постели, и голова ее, запрокинутая назад, была почти отделена от плеч.

Вот полный мужчина лежит на полу, и голова его рассечена надвое.

Но еще занимательнее были предметы, разложенные на большом столе налево. Семечкин увидел ручные кандалы, связку отмычек, небольшие ломы, молоток с ржавыми пятнами, ножи, топор, потайной фонарь и над ними на стене коллекции страшных портретов.

Егор Егорович то рассматривал вещи на столе, то переглядывал висящие на стенах фотографии и совершенно не замечал, как проходит время. Вдруг он за своей спиной услыхал мягкий голос:

— Чем могу быть полезен?

Семечкин быстро обернулся. Перед ним стоял Патмосов.

IX

НОВЫЕ ЛИЦА

Егор Егорович увидел господина среднего роста, лет сорока пяти. Его умное, энергичное лицо с быстрыми, проницательными глазами, с легкой улыбкой на полных губах под густыми усами сразу производило приятное впечатление. Густые черные волосы, чуть тронутые сединой, чисто выбритое моложавое лицо, домашняя открытая куртка, плотно облегавшая стройную фигуру, усиливали это впечатление, и Семечкину знаменитый герой сыска показался с первого взгляда не проницательным и не устрашимым сыщиком, а просто славным человеком.

— На мои коллекции смотрите? — здороваясь с ним, сказал Патмосов. — Для непосвященного интересно. У меня все по отделам. Это, изволите видеть, — и он указал на простенок над бюро, — от моих благодарных клиентов. Кому я деньги отыскал, кому — вещи, кого успокоил, кого обелил. А это, так сказать, все — звери, за которыми я охотился. Наконец, вот здесь — обстановка, детали и прочее.

— А это? — спросил Семечкин, указывая на стол.

— Это, — Патмосов быстро подошел к столу, — это — мой музей. Вот молоток, которым некий Севрюгин убил семейство из четырех душ. Вот плеть с проволокой, которой один негодяй истязал ребенка. Это — обыкновенный фомка, так сказать, карманный лом. Тут отмычки. Всего понемножку. Для меня эти предметы тем ценны, что все это я лично у разных молодцов отобрал. Да-с, так вы ко мне по отысканию убийцы Коровиной? В полиции разочаровались?

45

Семечкин изумленно уставился на Патмосова, удивленный его вопросом.

— Садитесь, садитесь! — весело сказал Патмосов. — Курить не угодно ли? Чего вы на меня так уставились?

Они сели у круглого стола в кресла. Семечкин машинально взял папиросу и сказал:

— Но откуда вы узнали о цели моего прихода?

— Ну, это очень легко! — засмеялся Патмосов. — По вашей визитной карточке. Зачем ко мне придет купец Семечкин? Ведь в газетах было подробно описано, как вы неделю тому назад посетили сыскное и сделали там открытие, признав убитую. Теперь вы у меня — значит, ясно для чего.

— Совершенно правильно! Это вначале показалось мне удивительным. Да, я к вам по этому делу. Меня господин Прохоров направил.

— Сергей Филиппович? — воскликнул Патмосов. — Великолепный человек! Я ему в одном деле помогал. Однако что ж это я? — словно спохватился он и захлопал в ладоши.

В кабинет вошла девушка.

— Маша, устрой нам кофе и подай сюда! — сказал Патмосов. — Вы не откажетесь?

Девушка скрылась.

— Да, — сказал Патмосов, раскуривая папиросу, — хотя времени потеряно не мало, но мы, наверно, наверстаем утраченное.

— А вы рассчитываете найти убийцу? — с надеждой спросил Семечкин.

— Раз есть за что ухватиться, есть кончики — значит, и весь клубок распутать можно.

Девушка внесла поднос с кофе и вышла. Патмосов подвинул Семечкину чашку.

— Ну-с, а теперь понемногу и расскажите мне.

Семечкин начал свой рассказ. Патмосов слушал его, не прерывая, и курил папиросу, изредка прихлебывая из чашки кофе. Семечкин кончил и с волнением стал смотреть на него. Знаменитый сыщик некоторое время молчал, а потом спросил:

— Вы говорите, за тридцать тысяч эта Коровина продала свое имущество? А кто купил? Не знаете?

— Как же... через меня и дело шло. Махрушин, наш купец, Николай Степанович.

Патмосов кивнул головой и, быстро поднявшись, подошел к телефону, предупредив своего гостя. "Я одну секунду", — и приложил к уху трубку:

— Соедините, барышня, пожалуйста, с нумером двадцать

пять — тридцать шесть. Благодарю вас... Кто у телефона? А, здравствуйте! Это — я, Патмосов. Позови Хмелева. Хорошо! — Он повесил трубку и обратился к Семечкину: — Пока я разговариваю, вы постарайтесь припомнить, какие вы видели на Коровиной украшения.

— Всякие видел.

— Ну, ну, — поспешно произнес Патмосов, — конечно, всякие. Вероятно, муж ей дарил, да и сама покупала.

— Конечно, у нее были кольца, браслеты, серьги, броши.

— Так! Но было у нее что-нибудь особенное, что могло бы легко запомниться. Понимаете? Ну, вот и подумайте!

В это время телефон затрещал, и Патмосов взял трубку.

— Это ты, Яша? Ну, здравствуй! Скажи мне, что вы теперь делаете по делу об убийстве Коровиной. Ну, я так и знал! А вещи целы? Отлично! И веревки, и клеенка, и коробка? Отлично! Я вечером буду. Устрой, где бы посмотреть. Так! Что случится, донеси. С сегодняшнего дня идет плата. Так. — Он дал отбой и позвонил снова: — Барышня, сорок четыре — двадцать девять. Благодарю вас. Алло! Кто у телефона? Отлично. Здравствуй, Сеня! Ты свободен? Приезжай ко мне завтракать! — Он дал отбой, повесил трубку и вернулся к Семечкину. — Ну-с, припомнили?

— Припомнил, — ответил Егор Егорович. — Браслетка у нее была, узенькая, золотая, а по обручику в три ряда камешки: десять бриллиантов, десять рубинов и десять изумрудов. Это, видите ли, ей покойник муж подарил; десять камушков — это десять лет супружества, а всех тридцать — это ей тогда столько лет исполнилось. Он ей на рождение подарил, а через полгода и умер.

— Узенький?

— Так, не шире пальца, — и Семечкин положил на стол указательный палец.

— А надписи не было?

— Да, внутри: просто года обозначены и число.

— Вы не вспомните?

— Месяц-то — апрель, и года помню. Один, значит, тысяча девятисотый, а другой — тысяча девятьсот десятый. Это помню, а число забыл.

— Отлично! — сказал Патмосов. — Вот пока и все. Теперь адресок ваш, и, как что узнается либо вы мне понадобитесь, я сейчас же и сообщу вам.

— Так найдете? — спросил, вставая, Семечкин.

— Могу сказать только, что постараюсь.

— Ну-с, а сколько я вам за это должен буду?

— Вот это я понимаю, по-купечески! — засмеялся Патмосов. — Видите ли, если бы вы тридцать тысяч искали и я вернул бы их вам, то спросил бы три тысячи и расходы. А теперь...

— Найдите его, и три тысячи ваши! — воскликнул Семечкин. — А расходы — и слов нет.

— Отлично! — сказал Патмосов. — Значит, и по рукам.

Егор Егорович горячо пожал его руку.

— Я уверен, что вы найдете убийцу.

— Да и я почти уверен, — улыбнулся Патмосов.

— Ах, а на расходы! Прикажите! — и Семечкин сунул руку в боковой карман.

— Рублей двести пока дайте, — просто ответил знаменитый сыщик.

Егор Егорович тотчас вынул двести рублей и наконец распрощался с Патмосовым.

— В случае чего я вас извещу, — сказал ему последний, — а меня застанете всегда утром. Как почувствуете томление, так и пожалуйте.

Семечкин ушел.

Патмосов прошел в кабинет, отомкнул бюро, вынул из него толстую тетрадь и, раскрыв ее, четким почерком вывел: "Дело об убийстве вдовы Анастасии Петровны Коровиной. Начато 11 января 1912 года". Затем он открыл шкаф, снял с полки картонку и вынул из нее ряд синих обложек с надписями. Быстро проглядев их, он достал обложку с надписью: "Убийство Коровиной", отложил ее в шкаф, запер последний и снова сел к бюро.

— Пересмотрим, — сказал он и только что хотел развернуть синюю обложку, как услышал голоса в передней и закричал: — Иди, иди! Дверь открыта.

На его зов в кабинет тотчас вошел высокого роста молодой человек.

— А теперь запри дверь! — сказал ему Патмосов. Молодой человек защелкнул задвижку, дружески поцеловался с хозяином дома и сел на стул подле бюро.

Это был помощник Патмосова, Семен Сергеевич Пафнутьев. Сыскным делом он занялся по призванию. Сын купца, он окончил коммерческое училище и готовился стать заместителем отца, имевшего большую железную торговлю, как вдруг совсем случайно открыл свое призвание, выследив и обличив домашнего вора. До смерти отца он таил свое любимое занятие, когда же отец умер, Семен Сергеевич передал всю свою торговлю под отчет приказчику, под предлогом желания просто побездельничать, и явился к Патмосову. Тот принял его ласково, а потом сдружился с ним и сделал помощником в своих розысках.

Пафнутьев жил на отдельной квартире, имел широкое знакомство, навещал свои лавки, бывал в обществе, в театрах, в клубах, и все считали его богатым фланером, не подозревая его деятельности. Ему было лет двадцать восемь. Высокого роста, широкий в плечах, огромной силы, с белокурыми вьющимися волосами, рыжеватой бородкой и открытым румяным лицом, он был настоящий русский красавец, и женщины увлекались им; но он был равнодушен ко всем, со своей стороны увлекаясь только хорошенькой дочерью Патмосова, что еще более скрепляло дружбу между ним и последним.

— Зачем звали? — спросил он теперь Патмосова.

— А вот сейчас узнаешь, — сказал тот и спросил в свою очередь: — Помнишь, в декабре нашли руку, ногу, а потом открылась посылка с головой?

Пафнутьев утвердительно кивнул головой.

— Убийство Коровиной, — ответил он, — купеческой вдовы. Опознал какой-то купец Семечкин.

— Вот-вот! А теперь этот Семечкин ко мне приехал. Видишь, любил ее, так страстно желает найти убийцу.

Пафнутьев радостно хлопнул себя по коленям и воскликнул:

— Вот это дело! Это я понимаю. Я, признаться, мечтал о нем. Убийство без следов.

— И дурак! — улыбаясь, охладил его порыв Патмосов. — Во-первых, я уже тебя сколько раз просил не поддаваться телячьим восторгам и не орать — это раз. А во-вторых, преступление нельзя совершить без следов.

— Какие же здесь следы? — смущенным шепотом спросил Пафнутьев.

— Шептать тоже не надо, — сказал Патмосов, — знай, что к шепоту всегда будут прислушиваться. А что касается следов, то — веревки, клеенки, глиняный таз, картонки и, наконец, деньги, вещи... Ну?

— Какие деньги?

— Да ведь у этой Коровиной тридцать тысяч рублей было. Где они? Тридцать тысяч золотом не возьмешь, значит, ассигнациями или бумагами. Понял?

Пафнутьев закивал головой.

— То-то! — сказал Патмосов. — Ну вот и начнем с тобою искать.

— С удовольствием!

— Не ори! А пока что перечитаем, что в газетах об этом написано было, — и с этими словами он развернул синюю обложку, в которой оказались листы бумаги с аккуратно наклеенными на них газетными вырезками.

X

НЕЗАМЕЧЕННЫЕ СЛЕДЫ

С самого раннего утра уже кипит жизнь в канцелярии Петербургской сыскной уголовной полиции. Со всех сторон города, из разных частей и участков двигаются толпы арестованных — бродяг, воров, падших женщин и пьяниц, окруженных городовыми. Всех их собирают на дворе Казанской части, а потом их ведут в канцелярию для проверки паспортов и установления личности. В оборванной, растерзанной, разношерстной толпе деятельно снуют агенты сыскной полиции и зорким глазом узнают воров, беглых и разбойников. Таких немедля отделяют от толпы и тотчас производят расследование. В фотографическом отделении снимают с них портреты, в антропометрическом бюро делают измерения, и часто попавшийся в участок в пьяном виде оказывается беглым каторжником; его тут же арестовывают и препровождают в тюрьму, а оттуда к следователю. В отдельных кабинетах начальники участков и районов ведут следствия о разгромах, покражах, убийствах, и туда то и дело приводят то страшных разбойников, то шустрых мошенников, то добродушных, глуповатых свидетелей и пострадавших. В отделе находок весь день толпится народ, предъявляя найденные вещи или ища свое потерянное. В приемной сидят люди, ожидающие начальника сыскной полиции, чтобы принести ему жалобу, просить содействия или даже доброго совета. А сам начальник со своим помощником сидят в своих кабинетах и вершат дела.

Все это кипение происходит с утра до трех часов дня, когда вдруг наступают тишина и безмолвие: мелкие агенты получили инструкции и назначения и рассыпались по всему городу, чиновники ушли со службы, начальник спустился вниз в свою квартиру, и в опустевших комнатах остаются только сторожа да два дежурных чиновника. Время от времени трещит телефон, время от времени приходят городовые или почтальоны с корреспонденцией.

Сонно и монотонно тянется время до шести часов, когда снова помещение наполняется чиновниками и тревожными, запыхавшимися агентами. Частной публики уже нет, и начальник с помощником отдают свои распоряжения, назначая чиновников и агентов на следствия и дежурства, распределяя порядок наступающей ночи и следующего дня. И кипит канцелярская жизнь до восьми часов, когда снова все расходятся. И опять в пустынном помещении находятся только сторожа да дежурные чиновники.

Иногда вечером приходит начальник, посидит за работой у себя в кабинете часов до десяти, а потом спустится к себе вниз, и тогда уже наступает отдых до следующего утра. Иногда приходит сообщение о страшном преступлении, и тогда тотчас поднимается начальник полиции, являются агенты, призывается фотограф, и, как пожарные на пожар, начальник сыскной полиции мчится на место преступления.

В описываемый день работа окончилась. Дежурный чиновник Яков Антонович Хмелев сидел у себя в дежурной комнате и рисовал синим карандашом женские силуэты на бумаге. Лицо его то хмурилось, то улыбалось, и он томился бездельем. Но вот половица скрипнула; Хмелев поднял голову и радушно кивнул.

— А, Петр Кондратьевич! Милости просим, закажем чайку и поболтаем, — он приветливо встретил вошедшего Чухарева.

Маленький, рыжий, в веснушках, Чухарев словно вкатился в комнату и, пожав руку Хмелеву, сказал:

— С полным удовольствием. Начальник ушел?

— Куда-то уехал. Дал номер телефона на случай чего.

— Отлично! Ты все приготовил? Да? Надо быть, он сейчас приедет.

— Интересно! — сказал Хмелев. — Теперь я уверен, что убийца будет отыскан.

— Я тоже! Это, я тебе скажу, чище, чем любой Лекок: все найдет и докажет. Умнейшая голова!

— Странно, что он у нас не служит. Чухарев поднял плечи.

— А кем ему служить? Только начальником, а он, братец мой, без чинов. Как ему добраться?

— Ну, да он все равно хорошие денежки зарабатывает, — засмеялся Яков Антонович. — Ему, пожалуй, еще и лучше на свободе работать.

— Конечно! А теперь распорядись чайком.

Хмелев нажал кнопку звонка и, когда явился сторож, кинул рубль и приказал:

— Фунт чайной колбасы, два фунта ситника, четыре бутылки пива и живо кипяток устраивай! Будем чай пить.

Сторож взял целковый и скрылся. Почти следом за ним на пороге комнаты показался Патмосов. Хмелев и Чухарев вскочили.

— Борис Романович! — воскликнул первый. — Как вы незаметно!

— Как это незаметно? Ведь я шел, стуча каблуками, — улыбнулся Патмосов. — Это вы, верно, голубчики мои, занимались чем-нибудь очень увлекательным.

— О вас говорили, — сказал Чухарев. — Ну, что прикажете, чтобы мы вам показали?

— Что? Все, что у вас есть по этому делу.

— Коробку. Следователь еще не убрал ее к себе, — сказал Хмелев. — Угодно посмотреть?

Яков Антонович двинулся вперед, за ним пошел Патмосов, а позади него — Чухарев. Они прошли по коридору мимо площадки лестницы и кабинета начальника и вошли в комнату, где обычно занимался один из чиновников особых поручений. Хмелев открыл шкаф, достал картонку и поставил ее на стол.

— Отлично! — сказал Патмосов. — Теперь дайте мне несколько листов бумаги.

Чухарев и Хмелев почтительно отошли в сторону и стали с благоговением смотреть на то, что будет делать знаменитый сыщик.

Борис Романович вынул записную книжку и карандаш, положил их на стол, достал из кармана складной аршин и тщательно вымерил все размеры коробки, записывая в книжке; потом он стал внимательно, не притрагиваясь к коробке, осматривать ее с наружной стороны, также делая у себя отметки. Окончив наружный осмотр, он осторожно снял крышку и стал осматривать внутренность. Из бокового кармана он вынул увеличительное стекло и внимательно осмотрел внутренность крышки, а потом повернул ее и оглядывал каждый квадрат.

Чухарев осторожно приблизился и, указывая на картонку, сказал:

— Здесь, собственно, стояла глиняная чашка? А в ней рубленое мясо.

— А чашка где? — спросил Патмосов.

— У следователя.

— В следующий раз ты сходи туда, — сказал Патмосов, — и попроси, чтобы тебе дали посмотреть чашку. Вероятно, на ней есть клеймо, чьей фабрики. Понял?

— Как же, — ответил Чухарев, — мы и не догадались.

— Надо все осматривать. В этом осмотре иногда находишь и самый ключ. У убитой какие волосы?

— Белокурые, с рыжеватым оттенком, — ответил Петр Кондратьевич.

— Так! — Патмосов усмехнулся и осторожно снял с угла коробки несколько приставших к стенке черных длинных волос. — Рыжеватые, — сказал он. — А это вы прозевали!

Чухарев взглянул и отшатнулся.

— Черные волосы!

— Черные, да еще, смотри, какие длинные... женские. Что скажешь?

Чухарев вытаращил глаза и покачал головою.

— Проглядели! — сказал он.

— А это очень важно. Дай-ка бумажки!

Петр Кондратьевич тотчас же подал лист бумаги. Патмосов аккуратно положил волосы, завернул их сперва по длине, потом свернул и положил в карман.

— Вы будете свидетелями, что я их нашел в этой картонке.

— Обязательно! — сказал Хмелев.

Патмосов окончил осмотр, закрыл коробку и записал в записную книжку адрес, куда была адресована посылка: "Вильно. Станиславу Личинскому. Немецкая улица, 68".

— Так! Ну, а там справлялись?

— Как же! — быстро ответил Чухарев. — Тогда же в Вильно вызвали этого Личинского за посылкой и при нем вскрыли ее. Он чуть в обморок не упал.

— А кто он?

— Торговец. По объявлениям торгует разными вещами.

— Что же, он ни почерка, ничего не узнал?

— Ничего! Если хотите, у меня есть копия с протокола.

— Непременно принеси ко мне завтра же все бумаги. А теперь пока что постарайся разузнать, какое клеймо на глиняной чашке. Коробка тоже особенная...

— Платье носят в таких от каждой портнихи.

Патмосов покачал головой.

— Нет, это не нашей работы. Я, брат, наши коробки знаю. Это, надо думать, — варшавская работа.

— Может быть, и варшавская. Здесь мы искали и не нашли такой.

— И не найдете! — Патмосов закрыл книжку, положил ее в

боковой карман. — Ну вот что, мои друзья, Петр Кондратьевич и Яков Антонович. Как я уже сказал, вы у меня на службе. Что только случится по этому делу, немедленно мне доносите; пока в этом только и служба ваша. А ты, — обратился он к Чухареву, — мне про чашку узнай и бумаги.

— Обязательно!

— Ну, вот! Теперь до свиданья. Спасибо за то, что сделали.

Патмосов пожал обоим агентам руки и ушел. Хмелев спрятал коробку и вместе с Чухаревым прошел в дежурную, где на столе уже стояли чайники с кипятком и с заваренным чаем, стаканы, бутылки с пивом, а на тарелке лежали ситник и колбаса.

Хмелев весело сказал:

— Ну, будем есть!

— Будем! — согласился Чухарев, после чего помотал головою, поднял палец к носу и проговорил: — Вот теперь я спокоен, что убийца будет найден. Это, можно сказать, гений. Смотри пожалуйста: все мы оглядывали коробку — и хоть бы что, а он — женские волосы. Это, так сказать, новый след. Понимаешь?

— Понимаю! Наливай-ка пива! Ну, за здоровье Патмосова.

— Выпьем, — сказал Чухарев.

И они стали жадно утолять свой голод и жажду.

Между тем Патмосов вернулся домой и тотчас вызвал по телефону Пафнутьева. Через полчаса тот уже сидел в его кабинете, и Борис Романович говорил ему:

— Ну, вот что, мой милый Сеничка: тебя это дело, кажется, заинтересовало? Тебе его и поручаю. Прежде всего постарайся отыскать браслет. Может, и найдешь. А в остальном действуй по своему усмотрению, я же еду.

— А когда вернешься?

— Но я еще не завтра уеду. Погоди! Если уеду, то, во всяком случае, долго не пробуду, вернусь, и опять станем заниматься вместе. А пока, значит, ты попробуй искать браслет. Удастся — хорошо, не удастся — что поделаешь! А если придумаешь свои пути, то тем лучше.

Пафнутьев широко улыбнулся, и его глаза сверкнули торжеством.

— Буду стараться, Борис Романович. Как знать, может быть, мне судьба улыбнется и я ухвачу кончик нити.

— Давай Бог, давай Бог! — сказал Патмосов, усмехаясь. — Ну, а теперь пойдем в столовую. Катя, вероятно, приготовила нам закусить?

Они прошли в столовую.

Катя, дочь Патмосова, радостно улыбнулась, увидев Семена Сергеевича:

— Вот нежданный гость! Как вы пришли? Я и не слыхала.

— Я ему ключ дал, — ответил Патмосов. — Он теперь, матушка моя, без звонка входить может.

— Да, — сказал Пафнутьев, усмехаясь, — в некотором роде свой человек, а скоро, Екатерина Борисовна, буду и совсем своим.

Катя вспыхнула, улыбнулась и покачала головой.

— Ну, это уж погодите! А вдруг я откажусь?

— Не посмеете! — засмеялся Пафнутьев.

— Ну, давай нам чаю! — сказал Патмосов.

— А как дело об убийстве?

— Пока стоит на месте. Может быть, что-нибудь откроем; может, зацапаем и этих голубчиков.

— Их разве несколько?

— А Бог их знает! Может, один, может, двое, а может быть, и заговор целый. Ну, уж эти наши Шерлоки Холмсы! Столько стараются, столько агентов имеют, а ничего-то не могут узнать сами. Разве кто придет и прямо донесет, тогда они быстро дело сделают.

— Ты-то нашел какой-нибудь след? — спросил Пафнутьев.

— Ничего еще сказать не могу. Ну, вы калякайте, а я пойду спать.

Патмосов прошел в свою комнату, открыл шкаф, вынул целую картонку париков, отобрал парик, накладную бороду, усы и положил их в сторону. После этого он запер шкаф, раскрыл свою тетрадь, где были отметки по делу об убийстве Коровиной, и просмотрел ее.

— Так, — пробормотал он. — Присовокупим женские длинные волосы черного цвета. Может быть, они и сыграют свою роль.

XI

В УГАРЕ СТРАСТИ

Дьякова до сих пор не знала ни любви, ни страсти, а теперь словно вихрь закружил ее, и, едва она просыпалась, первой мыслью была мысль о Чемизове. В его присутствии она теряла самообладание; она ложилась спать с мыслью о нем, и в сонных грезах он являлся пред нею. Чемизов наполнил все существование молодой женщины. Она не знала, любовь это или страсть. Прикосновение руки Григория Владимировича электрическим током пробегало по ее телу, и она вся содрогалась в сладком предчувствии. Встречаясь взглядом с его черными бархатными глазами, она забывала все окружающее, и ей казалось, что ее укачивают волны. Когда раньше за нею ухаживал Сергей Филиппович Прохоров, ей нравилось смотреть, как он краснел и бледнел, как в ее присутствии терял самообладание и как ее ласковое прикосновение к его плечу или руке заставляло его содрогаться. А теперь то же самое испытывала сама она, и при мысли об этом ей было и сладко, и жутко. Сегодня Елена Семеновна проснулась поздно и сразу же задумалась о Чемизове. Вчера она была с ним в театре, и он. провожая ее, целовал и говорил о своей любви.

Она причесала кое-как волосы, надела капот и приказала Агаше подать ей кофе. Опустившись в мягкое будуарное кресло, полузакрыв глаза, она пила кофе, как вдруг опять вошла Агаша и сказала:

— Григорий Владимирович.

Всем существом содрогнулась Дьякова.

— Чего же ты? Зови! — сказала она и приподнялась с кресла.

Чемизов, войдя, стремительно подошел к Дьяковой, протянув к ней обе руки. Она вскрикнула и прильнула к его груди. Он обнял ее и стал целовать глаза, лоб, волосы.

— Дорогая Лена, я не мог утерпеть, чтобы не заглянуть к тебе, хоть на полчаса, и сказать "доброе утро".

Дьякова счастливо засмеялась.

— Хочешь кофе?

— Непременно, — сказал он, садясь против нее в кресло.

Дьякова позвонила. Агаша внесла чашку с блюдцем.

— Как мне дорого твое внимание, — ласково, с любовью сказала Елена Семеновна своему гостю, наливая ему кофе.

— Милая! — и Чемизов поцеловал ее обнажившуюся руку.

Дьякова содрогнулась и поставила кофейник. Чемизов придвинулся к ней, не выпуская ее руки. Молодая женщина в сладком изнеможении откинулась к спинке кресла.

Григорий Владимирович смотрел на нее, и ей казалось, что раздвигаются стены, уходит потолок, и она погружается в сладкий, баюкающий сон. Чемизов, ласково гладя ее руки, задушевно произнес:

— Скоро, скоро, моя дорогая, мы с тобой улетим отсюда,

как перелетные птицы, далеко ото всех. Уедем в Крым. Мы проведем там с тобою медовый месяц вдвоем. Теперь там нет никого, и мы будем с тобою как на пустынном острове, а когда вернемся, то уже будем мужем и женою: где-нибудь по дороге повенчаемся тихо, скромно.

— Радость моя, я на все согласна! — шепнула Дьякова, изнемогая от счастья.

— А там, к осени, мы поедем в твое имение и проведем там время до начала сезона. Потом вернемся в Петербург, снимем квартиру и соберем всех знакомых. Да?

— Все, как ты хочешь, — воскликнула Елена Семеновна, словно колыхаясь в волнах.

Голос Чемизова доносился к ней издалека. Он что-то просил, она что-то делала, встала, уходила, вернулась.

— Ну, мне пора! — раздался близко подле нее голос Чемизова.

Дьяковой показалось, что она словно проснулась.

— Ты придешь, милый, вечером?

— Я сегодня приду к тебе ужинать.

— Я буду ждать тебя. Я приготовлю все, чтобы устроить наш маленький пир.

— Отлично! — засмеялся Григорий Владимирович, крепко поцеловал молодую женщину и вышел.

Дьякова упала в кресло. Голова ее кружилась, губы улыбались; ей казалось, что в вихре страсти она теряет сознание.

А Чемизов, выйдя от нее, оделся, сунул Агаше рубль и быстро спустился по лестнице; на площадке он вынул из кармана пачку сторублевых ассигнаций и бережно переложил их в бумажник. Лицо его торжествующе улыбалось. Он сел в экипаж и бросил:

— К "Контану"!

Там он привык завтракать.

Через несколько времени после его ухода Агаша, неслышно войдя в комнату, спросила Елену Семеновну:

— А что, барыня, будете одеваться?

— А? Что ты сказала?

— Барыня будет одеваться?

— Да, да, да! У меня что-то кружится голова, я хочу прокатиться. Прикажи заложить серого и приготовь платье.

Елена Семеновна прошла в спальню, и Агаша помогла ей одеться. Через полчаса Дьякова села в сани, и серый в яблоках рысак помчал ее по снежной пелене Каменноостровского проспекта. Свежий морозный воздух обвевал ее лицо. Она вспоминала свою первую поездку с Чемизовым по пустынным аллеям Островов среди деревьев, усыпанных снегом.

Так прошло несколько времени.

— К Горяниным! — приказала Елена Семеновна кучеру, и сани понеслись в город.

Раскрасневшаяся, с блестящими глазами, Дьякова вошла к Горяниной, пышущая здоровьем, радостная, морозная.

Евгения Павловна вышла к ней навстречу и воскликнула:

— Что это, голубушка, столько времени и глаз не показали?

— Я вас ждала, — весело ответила Дьякова, — а сейчас к вам потянуло. Душечка, Евгения Павловна!... Всегда, когда моя душа переполнена, я стремлюсь к вам! Алексей Петрович дома?

— Нет. В эту пору он всегда в суде.

— Тем лучше, я очень рада, — сказала Дьякова, проходя в зал. — Мы пойдем с вами в гостиную, сядем в уголок, и я вам открою большой-большой секрет!

Горянина улыбнулась, взяла свою гостью под руку, и они прошли в маленькую, уютную гостиную.

— Ну, рассказывайте, — сказала она, распорядившись подать чай, печенье.

— Ах, дорогая! — воскликнула Дьякова. — Я вас не видела столько, столько времени!... Я влюблена... я люблю, и меня любят...

Она сжала руки Горяниной.

— Прохоров? — спросила та.

— Чемизов, Григорий Владимирович!

— Он? — с изумлением воскликнула Горянина.

— Да, он!

— Ведь вы его совсем не знаете. Признаться, и я его мало знаю: он был товарищем Алексея Петровича по гимназии, давно-давно.

— Он словно заворожил меня. И я, — Дьякова счастливо засмеялась, — кажется, тоже заворожила его. Он такой счастливый...

— Что же, вы выходите за него замуж?

— Да! Мы сперва устроим предсвадебную поездку. Ах, как я счастлива! Я приехала сюда лишь для того, чтобы рассказать вам об этом.

— Спасибо, — Горянина крепко поцеловала свою гостью.

Та вдруг заплакала и, как бы извиняя свою слабость, сказала:

— Я — совсем дура; сейчас мои нервы натянуты, как струны. Все меня радует, все меня волнует, и я вся, как лейденская банка, наполнена электричеством.

Евгения Павловна снова поцеловала ее.

— Ну, я поеду, — сказала Дьякова, быстро вставая. — Мне надо еще к портнихе, в Гостиный двор...

Она поднялась, снова поцеловалась с Горяниной и прошла в прихожую.

Когда за нею захлопнулась дверь, Евгения Павловна задумчиво покачала головою. Этот Чемизов показался ей теперь в другом виде. Правда, он — интересный, занимательный собеседник; правда, он красив, но в нем есть что-то отталкивающее. Нет! Чемизов — герой не ее романа.

Между тем Дьякова сходила с лестницы и вдруг встретила поднимавшегося Прохорова. Он остановился и взволнованно воскликнул:

— Елена Семеновна!

Молодая женщина вздрогнула.

— А, это вы, — узнала она, и на мгновение ей, счастливой и радостной, стало жалко его. Ей захотелось приласкать этого вдруг отвергнутого ею поклонника, и она сказала: — Почему вы ко мне не заглядываете?

— Елена Семеновна, я неоднократно пытался посетить вас, но каждый раз получал ответ, что вас нет дома. Два раза вы уезжали с этим господином. Я совершенно упал духом. Мне кажется, что нет несчастнее меня человека...

— Это почему? — с лукавой наивностью спросила Дьякова.

— Почему? Да потому, что я люблю вас, люблю безумно! — и Сергей Филиппович, несмотря на то что разговор происходил на площадке лестницы, порывисто двинулся к молодой женщине.

Дьякова отшатнулась, и ее лицо стало серьезно.

— Сергей Филиппович, — начала она, — я глубоко уважаю вас. Правда, я виновата перед вами, потому что одно время мне нравилось ваше внимание, и я поощряла его. Но я ошибалась; я не любила вас. А теперь... теперь я...

— Теперь вы любите этого Чемизова! — с горечью сказал Прохоров.

— Да, люблю его и выхожу за него замуж. Простите мне! — и она протянула ему руку.

Прохоров сразу осунулся, и глаза его погасли. Он взял ее руку и, целуя ее, глухим голосом сказал:

— Елена Семеновна, последняя к вам просьба...

— Говорите, — просто сказала она.

— Простите меня за смелость моих слов, но все мое существо чувствует, что вы не будете счастливы, что вам нужна

59

будет помощь. И вот, Елена Семеновна, если наступит момент, когда вам нужна будет помощь, то позовите меня.

Дьякова побледнела.

— Вы не из приятных пророков. Но хорошо, даю вам обещание: я позову вас.

Сергей Филиппович крепко поцеловал ее руку, спустился с ней по лестнице, помог ей сесть в сани.

Когда вечером к обеду Алексей Петрович вернулся домой, Горянина вошла в его кабинет и, пока он переодевался, горячо заговорила:

— Нечего сказать, удружил ты своему приятелю!

— Что ты говоришь? Не понимаю!

— Я говорю то, что ты привел к нам в дом этого Чемизова, а в него влюбилась Дьякова и выходит за него замуж.

— Неужели?

— Вот тебе и "неужели"! Если она будет несчастна, это — твоя вина. Кто такой этот Чемизов? Что ты о нем знаешь? Елена Семеновна — милая женщина, чистая душа. Твой Чемизов, несомненно, женится на ней ради ее денег, а несчастный Сергей Филиппович любил ее искренне. Мне крайне неприятна эта история.

Горянин пожал плечами и, смеясь, ответил:

— Ну, моя милая, суженого конем не объедешь. Пойдем-ка обедать!

XII

В ТОСКЕ

Борис Романович Патмосов был усиленно занят целые дни. Он принимал агентов, состоявших у него на службе, давал им поручения и слушал их отчеты. Все время неумолчно трезвонил телефон. Медленно, методично Патмосов вел свои дела.. А дел у него было много. Сыскная полиция занималась только уголовными эпизодами, имеющими общественный характер. Что же касается Патмосова, то он принимал на себя разные частные поручения.

К нему обращались с интимными делами, требующими особой деликатности. Богатая женщина, разведенная с мужем, просила его найти ребенка, которого увез ее муж;

аристократическая фамилия просила разоблачить поведение одного из членов своей семьи; у известной артистки пропали дорогие вещи, и она просила произвести следствие. Патмосов брался за все дела. Одни интересовали его своей материальной выгодой, другие увлекали его, как артиста своего дела.

Он окончил прием последнего агента, когда в его кабинет вошла горничная Маша и объявила:

— Господин Семечкин!

— Проси! — Борис Романович радушно встал навстречу гостю.

В кабинет вошел Семечкин. Его крепкие, красные щеки побледнели, под глазами чернели большие круги, глаза смотрели тускло. Все же он улыбнулся, здороваясь с хозяином дома, и сказал:

— Томлюсь духом, почтенный Борис Романович!

— Ой-ой! — добродушно ответил Патмосов. — Такие дела не делаются с места в карьер: нужны справки и розыски. В два дня ничего не добьешься. Все темно, и намеков, признаться, мало. А вы приехали кстати, — Борис Романович протянул руку к бюро и достал оттуда записную книжку. — У меня к вам просьба.

— Сделайте одолжение! Какая?

— Вот вы говорили, что Коровина продала свое имущество купцу Махрушину...

— Совершенно верно, Махрушину, Николаю Степановичу, за тридцать тысяч.

— Вот-вот! Он вам знаком?

— Он-то? Приятели, можно сказать. У нас по купечеству никак иначе нельзя, все одним делом занимаемся, по одним трактирам работаем. Ну, так что же надо?

— Напишите ему письмо... Человек-то ведь он деловой?

— И очень даже...

— Так, может быть, он помнит, какими деньгами заплатил эти тридцать тысяч рублей госпоже Коровиной. Не могут быть это все трехрублевые ассигнации, или сотенные, или даже пятисотенные!

— Да, так.

— Может быть, акции какие-нибудь, бумаги, закладные листы. Вот вы бы это и узнали. А это может нам послужить на пользу.

— Так! — раздумчиво произнес Семечкин. — А какая же польза?

— Да как же вы этого не соображаете! Я во все банкирские конторы сделаю дружеские сообщения, что если кто придет менять билеты за такими-то номерами, акции такого-то общества, то прошу сообщить мне немедленно. Не будет же человек держать у себя акции до второго пришествия; придется менять!

— Да, это так, — согласился Семечкин. — А где? Может быть, в Таганроге, может — в Варшаве. Ему. негодяю этому, пути не указаны.

— Совершенно верно. Но я могу оповестить все более или менее значительные города. Вы сделаете то, о чем я вас прошу?

— Непременно! Как только домой приду, так пропишу Махрушину: "Так и так, Николай Степанович, расскажи мне, какими деньгами ты заплатил Коровиной за имущество".

— Великолепно! Ну, а вы чем занимаетесь? — спросил Патмосов.

— Мысли от себя гоню, Борис Романович. То есть так тоскую, — сказать вам по совести, — что один оставаться совершенно не могу. Как останусь один у себя в номере, так мне все Настасья Петровна представляется. Голова эта, вся изодранная!... Господи Боже мой! И за что она полюбила этого разбойника? Вот я и не могу. Места себе не нахожу, червь точит сердце. Сейчас я к своему, значит, приятелю — и с ним кутеж.

Патмосов покачал головою.

— Ну, это, знаете ли, не важно. Вы лучше бы ехали опять в Саратов и взялись за дело.

— Пропадай все! Теперь я как к вам прицепился, так и не отстану. Разве что скажете: "Егор Егорович, ничего не нашел. Пропал, мерзавец, как в воду канул".

— Нет, — Патмосов похлопал пальцем по столу. — Не бывало такого со мной случая, чтобы я, имея хоть маленький кончик, не распутал всего клубка. Есть у нас браслетка, может быть, узнаем деньги, да и на коробке тоже след есть... Нет, нет, Егор Егорыч, унывать не надо!

Лицо Семечкина просветлело.

— Вот обрадовали!... Истинно, можно сказать. Теперь я как именинник. Денег не надо?

— Нет, — засмеялся Патмосов. — Затоскуете, опять загляните.

— Ваши гости! — ответил Семечкин и вышел от гостеприимного хозяина, обрадовавшего его.

Погода была светлая, ясная. Егор Егорович пошел по улице, весь под впечатлением радостной надежды, и с удовольствием поглядывал на встречных.

— Э, Сергей Филиппович! — вдруг воскликнул он, встречая

возле Гостиного двора Прохорова, шедшего с портфелем под мышкой. — Вот приятная встреча! Вы куда?

— Собственно говоря, сейчас возвращался с одного поганого дела. Сегодня описывал имущество.

— Ну, что же, коли кто не платит, а должен, так надо имущество описать. У нас закон такой.

— Неприятное занятие! — сказал Прохоров. — Вы завтракали? Нет! Тогда поедем вместе. Мне тоскливо одному. Хотите — к "Контану", хотите — в "Европейскую".

Семечкин подумал.

— К "Контану". Люблю я его. Хорошо кормят и музыка. — Он повертел пальцами и подозвал извозчика. Они сели в сани. — К "Контану"!

Извозчик дернул вожжами, и собеседники помчались.

— То есть места себе не нахожу, Сергей Филиппович, — дружески заговорил Семечкин. — Ни торговля, ни дела — хоть разорись, глазом не моргну! Вся душа моя теперь в этом деле. Найти бы мне того мерзавца, что назвался Кругликовым, и посмотреть, как его в каторгу засудят. Тогда моя задача, можно сказать, будет исполнена и я успокоюсь. А то такая тоска!...

— Я — вам компаньон, — отозвался Прохоров. — У меня тоже большая заноза в сердце, и я тоже рад забыться.

Они вошли в роскошный зал ресторана. К ним подошел метрдотель и почтительно подал карту.

— Попервоначалу беленькой — похолоднее — и закусить, — распорядился Егор Егорович.

Метрдотель поклонился, и лакеи быстро побежали исполнять приказание.

Прохоров огляделся и вдруг вздрогнул. Недалеко от них сидел Чемизов; против него сидела красивая дама в собольей шапке, с горжеткой и огромной муфтой. Григорий Владимирович глядел на нее и вполголоса говорил что-то, а она широко улыбалась, обнажая белые зубы.

"Вот этот Чемизов! Дьякову сватает, а здесь с новой путается", — подумал Сергей Филиппович, и у него даже на мгновение мелькнула злая мысль вызвать по телефону Дьякову, но он тотчас отказался от нее. — Эх, плохие наши дела! Выпьем по единой! — Семечкин поднял рюмку.

Они заказали завтрак.

Семечкин потребовал вина, а затем шампанское и ликеры. Лицо его раскраснелось, глаза заблестели.

— Ну, Сергей Филиппович, — заговорил он, переходя на "ты", — позовем сейчас моего приятеля, Савелия Кузмича, и учиним питру с тройкою.

— Неловко. У меня прием, — попробовал отказаться Прохоров.

— Пустое! Ты его побоку; скажи, что у тебя консультации, — засмеялся Семечкин. — Ей-Богу!

— Ну, что же, зови Авдахова!

— Вот это люблю, — обрадовался Егор Егорович. — Эй, малый! — крикнул он лакею. — Пойди к телефону, соедини с купцом Авдаховым. Понял? Контора, хлебная торговля на Калашниковской.

Лакей записал и отошел.

— Вот это у нас будет дело первый сорт! — в предвкушении хорошей попойки воскликнул Егор Егорович.

— Пожалуйте, — сказал, подходя, лакей.

Семечкин неровной походкой пошел к телефону, а Прохоров откинулся в кресле и не спускал взора с Чемизова. Тот почувствовал устремленный на него взгляд и быстро обернулся. Взгляды их встретились. Чемизов, вероятно, прочел во взгляде Прохорова злобу и ненависть и в свою очередь ответил ему насмешливой улыбкой. Сергей Филиппович отвернулся, поеживаясь. В это время вернулся и Семечкин.

— Готово! — радостно объявил он. — Сейчас прикатит сюда, а там уж что выдумает, то и хорошо будет.

— Будем кутить! — сказал Прохоров. — Ехать — так ехать, как говорил попугай, когда его тащила за хвост кошка, — и он деланно засмеялся.

XIII

НЕЗАДАЧА

Пафнутьев с жаром взялся за дело — поиски браслета.

По адрес-календарю он выписал всех столичных ювелиров и начал их обход. Он заходил в магазин и заказывал браслет по своему образцу, причем показывал рисунок, сделанный со слов Семечкина. Все охотно брались за работу, Пафнутьев выбирал камни, не выказывая никаких сомнений, торговался, не сходился в цене и, раздосадованный, возвращался домой.

Каждый раз, когда он приходил к Патмосову, Катя интересовалась результатами его поисков.

— Ну, что сегодня? — спрашивала она.

— Ничем ничего, — с досадою отвечал Семен Сергеевич. — Обошел я полгорода — и никакого следа. И почему я должен найти этот браслет?

— Глупости! — возразил ему однажды Патмосов, услышав их беседу. — Я не говорю тебе: должен, а возможно. Браслет — это для нас вещественная улика. Отчего не поискать на счастье? Понятно, здесь все случай, но надо уметь и пользоваться случаем, и находить его. Ищи, братец!

И Пафнутьев продолжал поиски. Однажды он опять жаловался Кате на безрезультатность своей работы:

— Теперь в центре города остались только Садовая и Гороховая. Если не найду ничего тут, тогда уже отправлюсь на Васильевский остров и Петербургскую сторону.

— На Садовую и Гороховую я с тобою поеду, — сказала молодая девушка.

— Вдвоем все-таки занятнее. Завтра заеду!

— Только не с утра, а часов с двенадцати.

На другой день Семен Сергеевич действительно приехал за Катей.

— Едем на поиски!

Молодая девушка быстро оделась, и они вышли.

— Вот посмотри, как это весело, — сказал Пафнутьев. — На заказ ювелиры бросаются, как собаки на мясо, а я должен и наболтать с три короба, и отвильнуть от заказа.

Катя засмеялась.

— Так ты не заказывай, а ищи вещь в этом роде. Не так ты взялся.

— Ну, теперь все равно. Зайдем хоть сюда!

Они вошли в магазин. Хозяин безучастно посмотрел на рисунок и согласился сделать.

Пафнутьев начал торговаться и не сошелся в цене.

— Уф! — вздохнул он, выходя из магазина. — Задал мне твой папаша работу!

Катя только засмеялась.

Они обошли около полдюжины магазинов на Садовой улице и свернули на Гороховую.

— Дойдем до улицы Гоголя, и шабаш! — сказал Пафнутьев. — Пойдем в "Вену" завтракать. Невмоготу.

— Хорошо! — согласилась молодая девушка. — Но вот магазин Брыкалова. Зайдем!

Они вошли. Из соседней комнаты от станка поднялся рыжий субъект в одной жилетке и стал за прилавком. Другой, с плешивой головой, выпуча глаза и надув щеки, дул в паяльную трубку.

— Что угодно? — спросил хозяин магазина.

— Вот не можете ли вы изготовить мне браслет по этому рисунку? — сказал Пафнутьев, протягивая ювелиру бумажку.

Тот сначала почесал голову, потом взял рисунок, внимательно рассмотрел его и воскликнул:

— Э! Какой удивительный случай!

— Что такое? — торопливо спросил Пафнутьев.

— Ну, пожалуйста, посмотрите сами!

Ювелир подошел к конторке, отпер ящик и вынул из него сверток. Осторожно положив его на прилавок, он развернул папиросную бумагу, и изумленные Пафнутьев с Катей увидали тот самый браслет, который они искали. Катя незаметно дернула своего спутника за рукав, чтобы он не выдал себя. Глаза Семена Сергеевича загорелись. Он схватил браслет, стал рассматривать его, повернул и ясно прочел надпись: "1900 — 16 апреля — 1910".

— Продайте его мне, — сказал он ювелиру. — Я вам заплачу по вашей оценке.

— Нет, это невозможно! — ответил ювелир. — Ведь его дали мне для переделки, сказали, чтобы я сделал из него брошку. Вот так! — и ювелир показал, как надо перерезать браслет пополам и сложить его фигурою. — Тогда будет бриллиант, рубин, изумруд и опять бриллиант, рубин, изумруд. Очень играть будет.

— Кто принес вам этот браслет? — спросил Пафнутьев. — Может быть, я могу купить у него?

— Не знаю. Заказчик обещался прийти в субботу, и вы можете сговориться с ним.

Пафнутьев облегченно вздохнул.

— Вы говорите — в субботу?

— В субботу, в час, заказчик будет тут. Я переделаю браслет, а вы приходите и говорите с ним.

— Я не хочу, чтобы вы переделывали. Я хотел бы иметь именно браслет.

— Ну, — ювелир подмигнул Пафнутьеву, — вы заплатите мне немного, и я скажу, что не успел.

— Отлично!

Пафнутьев с Катей вышли из магазина. Лицо Семена Сергеевича сияло.

— Сделали дело, Катя! — радостно воскликнул он. — До субботы мы спокойны. На радостях едем в "Вену", а потом отца порадуем.

Пафнутьев кликнул извозчика и усадил Катю.

Патмосов дремал у себя в кабинете, когда Пафнутьев

ворвался к нему с криком: "Нашел!" Борис Романович сразу сел на диван:

— Что нашел? Где?

— Браслетку нашел! На Гороховой, ювелирный магазин Брыкалова! Она там лежит. Приходил какой-то заказчик, принес и велел переделать в брошь. В субботу придет за заказом.

— Э, — сказал Патмосов, — это уже кое-что! От этого господина мы узнаем, как попал к нему этот браслет, а там и до самого доберемся. Спасибо! Надо сходить туда да хорошенько посмотреть эту вещицу. Захвачу с собой и Семечкина; пусть он посмотрит, может быть, это и не тот браслет.

— Ну, а ты что сделал? — спросил Пафнутьев, садясь в кресло.

— Ничего, братец! Обходил все места, где ходил Калмыков с Чухаревым, и узнал то же, что и они. Дело представляется мне очень темным. Вот что-то сделает твой браслет.

— Во всяком случае, это — уже след: мы увидим человека, у которого есть вещь убитой женщины.

Патмосов по телефону сообщил Семечкину о находке, и на другое утро тот явился чуть свет.

— Идем, Борис Романович, — торопил он. — Здесь уж лошадь стоит. Значит, мы на следу?

— Можно сказать. Это открытие решит наше дело.

Патмосов быстро оделся. Они вышли.

— На Гороховую! — приказал Борис Романович, садясь в экипаж. Семечкин грузно опустился рядом. — Ну, а какой вы получили ответ от вашего приятеля?

— Глупости; ничего! — и Егор Егорович, распахнув пальто, вынул из бокового кармана смятый лист и стал разбирать каракули: — "Что касается платы денег, то плачены были наличными шесть тысяч рублей, а потом чек на Русский для внешней торговли банк. Деньги или бумаги она из банка взяла — того не знаю".

— Мало, — сказал Патмосов. — Банк несомненно платит деньгами, если она не просила бумагами. Надо навести справку.

— Можно. У меня и управляющий, и директор банка — приятели.

— Пожалуйста, пошлите телеграмму. Тот же самый вопрос: деньги или бумаги выдали Коровиной по чеку Махрушина?.. Стой! — вдруг крикнул Патмосов извозчику.

Они вошли в магазин Брыкалова. Ювелир старательно чистил замшей золотую крышку часов и спросил посетителей:

— Что прикажете?

— С просьбой к вам, — обратился к нему Патмосов. — Вчера мой сын видал у вас браслет, так мне с приятелем тоже хочется посмотреть на него.

— Это который с бриллиантом, рубином и изумрудом?

— Да, да! Вот кто-то заказал переделать его в брошку.

— Ну, ну! И он вчера был и взял браслет назад.

— Что? — Патмосов даже отступил.

— Взял назад, — спокойно продолжал ювелир. — Только просил стереть прежнюю надпись и награвировать: "21 декабря 1912 года". Ну, я сейчас отдал браслет граверу с мальчиком, а заказчик сидел и дожидался. Очень нетерпеливый был, все торопил.

— Скажите, пожалуйста, каков он видом?

— Видом? Ну, господин хороший, на голове цилиндр, очень хорошее пальто и перчатки. Черные глаза и лицо, как у актера, бритое.

— Он, вероятно, сообщил фамилию, когда давал заказ?

— Да! — ювелир достал книжку, раскрыл ее и, водя корявым пальцем по странице, прочел: — Алексей Алексеевич Алексеев, Лиговка, двадцать восемь. Вот!

— Благодарю вас! — и Патмосов, кивнув головою, вышел из магазина.

— И что им надо в этом браслете? — крикнул Брыкалов в соседнюю комнату, где работал у станка его подмастерье.

— Я так думаю, что здесь какое-нибудь мошенничество. Они вот ищут, а тот, который приходил к нам с браслетом, — сам мошенник.

— Ну, ну! Если так, то слава Богу, что я избавился от этого браслета.

Между тем Семечкин решительно обратился к своему спутнику:

— Значит, теперь к этому Алексееву на Лиговку махнем.

— Бросьте... там этого господина Алексеева и в помине нет. Алексей Алексеевич Алексеев, Петр Петрович Петров, Иван Иванович Иванов — это, дорогой мой, все значит: "Ищи ветра в поле".

— Так как же? — воскликнул Семечкин. — Значит, дело пропало.

— Не пропало, а сорвалось.

— Вот тебе и крышка! Эх, незадача нам с вами, Борис Романович! Я думал, что уж за хвост поймали, а тут — на тебе, какая обида! Опять искать надо.

— Не иначе! — усмехнулся Патмосов. — Ну, поедемте домой.

— Это уж вы оставьте. Выехали мы с вами по делам не евши, а теперь как есть час для завтрака.

— Завтракать так завтракать, — согласился Патмосов.

XIV

ПОРАЗИТЕЛЬНОЕ СХОДСТВО

В окружном суде было томительно-скучно. В канцелярии скрипели перьями служащие, суетливо бегали молодые люди, кандидаты на судебную должность, время от времени проводили арестанта в сопровождении конвоя, и он оглашал своды бряцанием кандал. Уныло ходили просители; в коридорах шептались, как заговорщики, ходатаи по делам, а в уголовных отделениях шли ничтожные процессы о взломах, кражах, подлогах и убийствах в пьяном безобразии, причем и присяжные, и даже сами подсудимые скучали на своих несчастных скамьях.

Горянин с портфелем под мышкой прошел в буфет и сел к столу. Вскоре к нему подошел Хрюмин, в вицмундире, в пенсне на носу, словно отполированный, и, поздоровавшись, спросил:

— Скажите, пожалуйста, Алексей Петрович, кто этот удивительный господин Чемизов, которого я у вас видел? Он еще поразил нас опытами...

— В которых вы изобразили убийцу? — засмеялся Горянин.

— Да, да.

— Так, мой знакомый. Раньше учились в одной гимназии, недавно нечаянно встретились, и он несколько раз бывал у меня.

— Занимательный господин!

— А что?

— Очень широко играет в карты. Вчера я ему сильно проиграл, да и еще два моих товарища подверглись той же участи. Играет бешено, и у него много денег.

— Возможно! — сдержанно ответил Горянин. — Собственно говоря, я не знаю ни средств, ни рода занятий господина Чемизова, но человек он, видимо, вполне корректный.

— О-о! Разве я смею заподозрить? Но так мне показалось занимательным... Раньше его не бывало.

— Он приезжий. А что же, вы много проиграли?

— Так себе, — Хрюмин вздохнул, — но все-таки... Ну, простите!

Он пожал руку Горянину и вышел из буфета. К столику Алексея Петровича подсел Прохоров; он постучал ножом по тарелке и сказал лакею:

— Подайте мне водки и чего-нибудь есть. Что там есть в буфете?

— Ты, кажется, стал алкоголиком? — засмеялся Горянин.

— Делаюсь, — угрюмо ответил Прохоров. — Неудачи постоянные. Этот проклятый твой приятель совершенно пленил Дьякову, и я потерял всякую надежду.

Горянин покачал головой.

— Я тут с одним саратовским купчиком сошелся, вместе пьянствуем, — продолжал Сергей Филиппович, — вот теперь и все мои занятия. Надо встряхнуться, а нет сил. Просто карачун приходит.

— Ну, ну! — остановил его Горянин. — Это, брат, еще рано. Встряхнись! Скоро весна, поезжай куда-нибудь. Ты один, свободен, как ветер в поле, чего тебе печалиться? А потом как знать?.. Дьякова — баба сумасбродная; увлеклась — и, может, это так угаром и пройдет.

— Не скажи, — вздохнул Прохоров. — Она мне намедни прямо сказала: "Я люблю Чемизова". Э-эх!...

— Да, у них что-то затевается. Жена говорила, что она замуж выходит, — сказал Горянин. — Приезжала на днях, показывала подарок его; красивая вещь и дорогая. Он, вероятно, богатый человек.

— Какой же подарок? — спросил Прохоров.

— Браслет, а устроен для брошки, как будто половина ошейника. Ряд бриллиантов, ряд рубинов, ряд изумрудов. Очень красиво. Застегивается на воротнике.

Прохоров на мгновение задумался, а затем спросил:

— Бриллианты, рубины и изумруды? По десяти?

— Да, по десяти!

Прохоров вдруг ударил себя в лоб ладонью и вскочил.

— Что с тобой?

— Э! Этого я даже и тебе не открою... Человек, получи! — крикнул Сергей Филиппович, бросая на столб деньги. — Я пошел.

Прохоров быстро вышел из окружного суда и поехал к Дьяковой.

С замирающим сердцем поднялся он по лестнице и позвонил. Ему отворила Агаша. Едва она увидела Прохорова, на ее лице выразилось смущение.

— Дома барыня? — спросил Сергей Филиппович.

— Дома, только... — начала Агаша.

Прохоров снял пальто, стал вешать его на вешалку, но вдруг увидел там пальто с плюшевыми воротником и обшлагами. На мгновение он побледнел, голова у него закружилась, но, осилив себя, он с беспечным видом вошел в уютную гостиную.

— Вы? — воскликнула Дьякова, торопливо поднимаясь с узенького дивана, нае котором остался сидеть Чемизов.

Сергей Филиппович успел заметить, как рука последнего опустилась на диван, видимо соскользнув с талии молодой женщины. Однако он сдержал прилив ревнивой злобы, взял руку Дьяковой и нежно поцеловал ее.

— Вы знакомы? — спросила Елена Семеновна.

— Немного, — сухо ответил Прохоров, кланяясь Чемизову.

Тот приподнялся и с усмешкой кивнул головой гостю:

— Мы виделись у моего товарища, Горянина. Я помню вас.

— Очень приятно! — сухо ответил Прохоров и сел в кресло.

Его взоры сразу приковались к шее Дьяковой, на которой он увидел только что описанный Горяниным браслет. Последний с двух концов был захвачен бархоткой, плотно охватывавшей шею молодой женщины, и представлял собою узкую полоску, украшенную тремя рядами драгоценных камней.

— Вы смотрите на мою оригинальную брошь? — улыбнулась Дьякова. — Я получила ее недавно в подарок, — и она перевела благодарный взгляд на Чемизова.

— Пустое! — сказал тот с легкой усмешкой. Прохоров успокоился, пересилив свое волнение.

— Меня действительно заинтересовала эта брошь... вернее, браслет.

— Да, это, вероятно, и был браслет, но замок утрачен, и он обращен в брошь, — объяснил Чемизов.

— Он напомнил мне о страшном преступлении, — проговорил по-прежнему беспечно Прохоров. — В декабре были найдены куски изуродованного трупа саратовской купчихи Коровиной. Приехавший разыскивать ее купец Семечкин — мой приятель. Он рассказывал мне, что у нее был такой же браслет, подаренный ей покойным мужем. Тридцать камней означали тридцать лет ее жизни, а десять одинаковых камней — десятилетие их супружества.

— Какие вы говорите ужасы! — воскликнула Елена Семеновна, невольно бледнея. — Что может быть общего между тем браслетом и этой брошкой?

Прохоров посмотрел на Чемизова, но лицо того было совершенно спокойно, и продолжал:

— Удивительное сходство! Я только вчера говорил с Семечкиным о том браслете.

— Глупости, глупости! — сказала Дьякова. — Таких вещей может быть сто тысяч.

— И даже меньше, — усмехнувшись, сказал Чемизов.

Сергей Филиппович сидел как на иголках. Положение его становилось глупым — очевидно было, что Чемизов не уйдет раньше его. Он встал, чтобы попрощаться с Дьяковой:

— Я заехал только взглянуть, как вы поживаете... веселы ли, здоровы ли...

— О, я счастлива! — воскликнула Дьякова.

— Дай вам Бог! — Прохоров поцеловал ее руку и тихо проговорил: — Про обещание не забудьте!

— Нет, — улыбнулась молодая женщина.

Сергей Филиппович холодно кивнул головой Чемизову и быстро вышел.

— Что он имел в виду, рассказав эту историю с браслетом? — спросила Дьякова, обращаясь к Чемизову.

— Ничего. Вероятно, его удивило простое совпадение, а ты вдруг взволновалась, — и он, обняв молодую женщину, привлек ее к себе.

— Но мой слух как-то неприятно поразили его слова.

— Глупости! — спокойно возразил Григорий Владимирович, целуя ее глаза. — Будем кончать дело.

— Я сейчас.

Елена Семеновна вышла и через несколько минут вернулась одетая.

— Все взяла с собой? — озабоченно спросил Чемизов.

— Чековая книжка вот здесь, — Дьякова показала на сумку, — а заявление я должна написать там.

— И уедем, — сказал он. — Завтра же!

Чемизов еще раз обнял счастливую женщину, поцеловал, и они вместе вышли из дома.

Дьякова пребывала в сплошном очаровании. Все, что ни говорил Чемизов, она беспрекословно исполняла и была рада, когда он выказывал свое удовольствие. Теперь она забрала из банка все свои сбережения. Они прошли в Центральную железнодорожную кассу и взяли билеты скорого поезда на Севастополь и отправились обедать в "Европейскую" гостиницу. Там Дьякова сидела в уютном уголке и жадным, восторженным взглядом смотрела на спокойное лицо своего милого. Он иногда устремлял на нее завораживающий взгляд, улыбка появлялась на его лице, и тогда у Елены Семеновны кружилась голова и замирало сердце.

"Вот любовь со всею своею красотою!" — думала она и с благодарной улыбкой смотрела на Чемизова.

Чего бы она ни отдала за его спокойствие и счастье! О, отныне она решила посвятить ему всю свою жизнь!

XV

ПТИЧКА УЛЕТЕЛА

Между тем Прохоров вскочил в пролетку и велел извозчику гнать лошадь на угол Невского проспекта и Владимирской улицы. Извозчик нещадно нахлестывал лошадь, которая и так уже неслась галопом.

— Стой! — закричал Прохоров, соскочил на панель и подбежал к швейцару. — Егор Егорович дома?

— Никак нет. С утра уехавши, — ответил тот, широко улыбаясь.

Сергей Филиппович растерянно остановился, но через минуту снова сел в пролетку и приказал ехать на Калашниковскую пристань. Он подъехал к лавке Авдахова, вошел в нее и обратился к приказчику:

— Савелий Кузьмич?

— Обедать ушли, — ответил бойкий приказчик.

— Егор Егорорвич был у него?

— Вместе и ушли.

— Куда?

— Должно быть, в "Биржу". Завсегда там обедают.

Прохоров вышел на Калашниковский проспект и, перейдя дорогу, вошел в трактир "Биржа". Сбросив пальто, он прошел в общий зал, оглянулся и, увидав в углу подле окна, за столом, уставленным едой, Авдахова и Семечкина, подошел к ним.

— Ба, кого я вижу! — воскликнул Авдахов.

— Вот обрадовали! — привстал навстречу Семечкин. — Честь и место! Эй, малый, чистую посудинку, да живо!

— Я рад, что нашел вас, — сказал, садясь за стол, Прохоров.
— У меня к вам большое дело.

— Дело? — Семечкин поднял брови. — Ну, что такое?

— Я, кажется, напал на след, — быстро проговорил Сергей Филиппович. — Едемте сейчас со мною!

— Стоп! — сказал Авдахов. — Сперва выпить и закусить, потом обедать, а там куда угодно: я - в лавку, а вы — по своим делам.

— Да расскажите, что такое? — взволнованно спросил Семечкин.

— Вы пейте и разговаривайте. Дело — не зверь, в лес не убежит, — сказал Авдахов.

Прохоров выпил и начал:

— Вы мне рассказывали, Егор Егорович, что у покойной Коровиной был браслет.

— Да, как же! На днях я с Борисом Романычем чуть не поймали, да сорвалось. Браслет приметный: тридцать камешков, по десяти...

— Ну, вот! — воскликнул Прохоров. — И я видел его и знаю, у кого он теперь. Поедем к Патмосову и расскажем ему.

— Ах ты, Господи! И то надо ехать. Вот счастье-то! — взволновался Семечкин.

— Нет, этак никак нельзя, — остановил их Авдахов, — выпьем холодненького, а тогда и с Богом!

Прохоров словно сидел на горячих угольях. Егор Егорович заразился от него волнением.

— Ты пойми, — объяснял он Авдахову. — Теперь, может быть, мы этого самого убивцу за шиворот схватим. Нам Борис Романович поможет. Браслетку нашли! Сергей Филиппович такое, можно сказать, дело сделал! Всему корень.

— Сергей Филиппович — голова! — согласился Авдахов. — Я тебе сказывал про него. Только одного ему не прощу: не хочет мои дела вести.

— Всякое дело поведу для вас, Савелий Кузьмич, — возразил Прохоров, — только пусть оправдается моя надежда.

Наконец кончили еду.

Савелий Кузьмич тяжело поднялся от стола:

— Ну, я пойду к себе, а вы с Богом. Может, вечером и сойдемся?

— Я непременно, — ответил Семечкин, — а вот как они?

— Сегодня нет, — сказал Прохоров. — У меня прием, и мне некогда. На днях надо в Москву ехать и приготовить бумаги.

— Почтенный, — крикнул Семечкин лакею. — Закажи-ка ты нам машину.

Через десять минут лакей подошел со словами: "Подано".

— Ну, едем!

Авдахов простился с приятелями. Они вышли и сели в автомобиль.

— В Усачев переулок! — распорядился Семечкин. — Жарь!

Автомобиль загудел и помчался по улице.

— Нам бы только застать Бориса Романовича! — беспокоился Егор Егорович.

Наконец автомобиль остановился. Они взбежали по лестнице и позвонили.

— Борис Романович дома? — спросил Семечкин горничную.

— Пожалуйте.

— Кто там? — закричал Патмосов.

— Мы, мы, Борис Романович! — ответил Семечкин из прихожей. — Как пишется в пьесах: "Те же и они".

С этими словами он вошел в крошечный кабинет, где с дивана поспешно поднялся Патмосов.

— Новости какие-нибудь? — спросил он, здороваясь.

— Новости, и большие! — уточнил Прохоров.

— Можно сказать, что мы этого самого убийцу за шиворот держим, — сказал Семечкин.

— Да ну? — и Патмосов засмеялся.

— Вот он вам все по порядку расскажет, — продолжал Егор Егорович, указывая на своего спутника. — Говорите, Сергей Филиппович!

Прохоров стал рассказывать Патмосову о том, как он посетил Дьякову и увидел у нее в виде броши ту самую браслетку, которую описал Егор Егорович.

— Я эту браслетку на ней внимательно рассмотрел, подарил ее Дьяковой ее новый знакомый, Григорий Владимирович Чемизов.

Произнеся это имя, Прохоров невольно вспыхнул. Патмосов пытливо посмотрел на него, а затем поинтересовался:

— Госпожа Дьякова — молодая особа?

— Да, ей лет двадцать семь; молодая вдова.

— Богатая?

— Очень, — ответил Прохоров.

— Вы говорите, что эту брошь ей подарил Григорий Владимирович Чемизов?

— Да.

Патмосов записал имена.

— А как зовут Дьякову?

75

— Елена Семеновна.

— Адрес?

— Надеждинская, тридцать два.

— Так! Что же, может, и напали на след, — повеселел Патмосов. — Вот мы упустили браслет, а он снова у нас. Этот Чемизов бритый? И глаза его черные?

— Да.

— Значит, он и у Брыкалова был. Теперь начнем расследование. Одну секундочку! — Патмосов подошел к телефону: — Барышня, двадцать пять — тридцать шесть! Благодарю... Кто у телефона? Попросите ко мне Якова Антоновича Хмелева. Он здесь? Нет? Досадно!... А Чухарев? — он подождал, потом взял снова трубку: — Ты? Ну, вот тебе дело. Позвони сейчас в адресный стол и спроси адрес Че-ми-зо-ва Григория Владимировича. Ну а как выяснишь, сейчас иди по его адресу и узнай: чин, звание, когда приехал, откуда — словом, все, да осторожненько. Понял? — Борис Романович повесил трубку, дал отбой и позвонил снова: — Барышня... двести восемьдесят шесть — девяносто два! Благодарю... Сеня, ты? Здравствуй! Иди сейчас на Надеждинскую улицу, дом тридцать два; там живет госпожа Дьякова, а у нее, надо быть, есть горничная девушка. Сейчас познакомься с ней, скажи — влюблен, что ли, и разузнай, часто ли ходит к госпоже Дьяковой Чемизов и что он за фигура для нее.

— Не надо! — сказал Прохоров, перебивая его.

— Вы уж мне не мешайте, — рассердился Патмосов. — Я знаю, что делаю! — И он продолжал отдавать приказания Пафнутьеву по телефону, потом повесил трубку и спросил: — А вы что знаете про Дьякову?

— Все! Эта Дьякова — богатая молодая вдова; Чемизов познакомился с нею недавно у нашего общего знакомого, присяжного поверенного Горянина, успел ее увлечь и теперь бывает у нее каждый день; кажется, назвался ее женихом и сделал ей подарок.

— Так! — Патмосов кивнул. — Ну, а мой Семен Сергеевич узнает еще что-нибудь. Отлично! За все эти сведения большое вам спасибо. Как только я что-нибудь узнаю, сейчас же извещу вас. К вам, Сергей Филиппович, можно позвонить по телефону? Может быть, вы и напали на след. Во всяком случае, найденный браслет — козырь. Мы его тоже нашли, да выпустили.

— Я так думаю, что названный господин купил эту вещь у настоящего убийцы.

— А может, сам достал, — усмехнулся Патмосов.

76

— Нет, — возразил Семечкин. — Он — брюнет, а тот рыжий.

— Во всяком случае, спасибо вам. Мне даже совестно: за розыски взялся я, а ищете вы.

— Вы нам его за шиворот схватите, в кандалы закуйте, вот что важно! — воскликнул Егор Егорович и, крепко пожав руку Патмосова, вместе с Прохоровым вышел.

Борис Романович проводил их и вернулся в кабинет.

Через несколько минут раздался телефонный звонок. Патмосов услышал голос Чухарева:

— Живет в гостинице "Бристоль" на Мойке. Сейчас иду туда.

— Иди, брат! — ответил Патмосов. — Там управляющий Степан Васильевич, мой большой приятель. Прямо к нему и иди. Расспроси подробно.

Он повесил трубку и улегся на диване.

К вечернему чаю пришли Чухарев и Пафнутьев.

— Ну, садитесь, — пригласил их Патмосов. — Катя, наливай чай. Что узнали?

Пафнутьев откашлялся, принял от Кати стакан чая и стал рассказывать.

— И говорить-то, собственно, нечего, — начал он. — Поехал я на Надеждинскую, как ты указал. Дворник у ворот дома, швейцар у подъезда. Ну, я к дворнику. Целковый в зубы: так и так, мол, рассказывай. Есть у Дьяковой горничная? Отвечает: "Как же-с, есть". — "А как зовут?" — "Агаша". Говорил он про нее, улыбался во всю рожу, — значит, хорошенькая. А только дело-то выходит такое, что как есть за час до моего прихода в этот дом эта Дьякова уехала. Я вызвал Агашу, наплел ей всякой всячины, пошел с ней в трактир, и она рассказала, что ее барыня уехала с Чемизовым, а куда — не знает. Вот и все!

— Так, — сказал Патмосов. — Значит, уехала? С Чемизовым?

— С ним.

— Совершенно верно, — подтвердил Чухарев.

— Ну, а ты что узнал?

— Чемизов, Григорий Владимирович, дворянин, приехал в гостиницу "Бристоль", как видно по книге, седьмого декабря, а сегодня выбыл, отметившись за город.

— Куда — не показал?

— Нет. Чемоданы все уложил; два чемодана у него, очень хорошие. Говорят, барин был хороший, жил не скупясь, часто приезжал на автомобиле, по ночам возвращался поздно, просыпался также поздно, ездил в клуб и играл в карты.

— Так, — Патмосов пошел в свой кабинет, откуда снова

вернулся с записной книжкой. — А вот тебе отметка, — сказал он, обращаясь к Чухареву. — Кругляков приехал в Петербург десятого октября, остановился по Литейному, пятьдесят один, выбыл тридцатого октября, первого ноября остановился в Толмазовом, дом три, выехал двадцать третьего ноября, двадцать пятого остановился на Невском, пятьдесят четыре, выехал пятого декабря, отметился за город. А господин Чемизов приехал в "Бристоль" седьмого декабря.

Чухарев ударил рукой по столу.

— Вот тут и надо мозгами раскинуть! — сказал Патмосов. — Кажется, у нас в руках ниточка. Сейчас я позвоню господину Прохорову. Видимо, он в эту барыню Дьякову влюблен и этого самого Чемизова ревнует, из-за того так и хлопочет. — Патмосов подошел к телефону. — Барышня... четыреста двадцать восемь — сорок семь.

Прохоров сидел в кабинете, занимаясь просмотром кляузного дела, когда на столе зазвонил телефон.

Сергей Филиппович поспешно взял трубку и услышал голос Патмосова.

— Вот что, уважаемый Сергей Филиппович. Господин Чемизов вместе с госпожой Дьяковой сегодня уехали, а куда — неведомо. Теперь, изволите видеть, какого рода штука. У меня есть много подозрений, что господин Чемизов и господин Кругликов — одно и то же лицо.

У Прохорова екнуло в груди. Он сказал:

— Семечкин говорил, что тот рыжий.

— И рыжим, и брюнетом, и блондином сделаться плевое дело. А если вспомните, Семечкин указывал, что у господина Кругликова были черные глаза, несмотря на рыжие волосы, а господин Чемизов — сильный брюнет.

— Да, да! — спохватился Прохоров. — Так вы думаете, что он — убийца?

— Можно только предполагать, а так как, по вашим словам, госпожа Дьякова — богатая женщина, то надо думать, что этот господин Чемизов — специалист по богатым вдовам. Та несчастная Коровина тоже была состоятельной вдовой.

Прохоров побледнел.

— Да, да, верно! Так Елене Семеновне грозит, быть может, смертельная опасность? Вы так думаете?

— Можно так думать, — послышался ответ Патмосова. — Вы должны, уважаемый Сергей Филиппович, если вас интересует госпожа Дьякова...

— Очень, очень, — воскликнул Прохоров. — Ради нее я только и хлопочу.

78

— Так вот, Сергей Филиппович, если вы интересуетесь ею, то непременно должны узнать, куда они уехали. Я на вашем месте поехал бы за ними.

— Мне за ними?!

— Ведь вы же знаете ее! Ну, вот. И если бы вы их нашли да осторожненько последили за ними, а потом в случае какой-нибудь опасности или чего-нибудь подозрительного телеграфировали мне, то — как знать? — может быть, мы с вами сделали бы хорошее дело.

— Хорошо, я употреблю все усилия, чтобы узнать, куда они поехали. Наверное, она сказала своей хорошей знакомой, Горяниной. Я завтра узнаю от них.

— Отлично! А когда узнаете, то немедля поезжайте туда сами.

— Благодарю вас. Завтра утром я вас извещу. До свидания!

Прохоров повесил трубку, откинулся на спинке кресла и закрыл лицо руками. Страх наполнил его душу. Если действительно этот Чемизов — разбойник, проходимец, ловящий богатых вдов, то Дьякова находится в смертельной опасности. Негодяй завезет ее куда-нибудь, убьет, ограбит и скроется.

Сергей Филиппович отложил в сторону бумаги и большими шагами стал мерить кабинет, погруженный в тяжелые думы. Он лег далеко за полночь, но не мог заснуть.

Утром он поехал к Горяниным.

Алексей Петрович собирался идти в суд.

— Что ты пришел ни свет ни заря? — с удивлением спросил он Прохорова.

— Я не к тебе. Мне Евгению Павловну.

— Пройди в столовую, я сейчас тоже, позавтракаем.

— Сергей Филиппович! — радушно воскликнула Евгения Павловна. — Здравствуйте, садитесь! Я сейчас вам налью кофе. Алексей тоже придет.

— Я к вам, — ответил Прохоров, целуя ее руку и садясь подле нее. — Вам сказала Елена Семеновна, куда она уехала?

— Уехала?

— А вы не знали?

— Я знала, что она собирается ехать, но она не приезжала проститься.

— Она уехала вчера вместе с Чемизовым.

— Вот какая торопливая! — засмеялась Евгения Павловна. — Загорелась, как порох. Бедная женщина! — Она сочувственно взглянула на гостя. — Этот Чемизов совершенно увлек ее.

— Совершенно, — глухим голосом повторил Прохоров. — А теперь я узнал ужасную вещь и хочу непременно ехать за нею.

— Что такое? — Горянина с испугом взглянула на Прохорова.

— Этот Чемизов — разбойник и убийца; его специальность — ограблять богатых вдов и убивать. Вы слыхали об изрезанной женщине?

— Ну?

— Это его рук дело! — ответил Прохоров.

— Что вы? — Горянина побледнела и откинулась на спинку стула. — Я этому не могу поверить; он был у нас.

— Что же? Разве мог знать Алексей Петрович, что вводит к себе в дом вора и убийцу? Я вам расскажу все по порядку.

— Подождите, я позову Алексея.

Евгения Павловна позвонила и приказала явившейся служанке:

— Скажите барину, что он непременно нужен мне.

Горничная ушла, и вскоре появился Алексей Петрович.

— Ну, что у вас такое?

— Слушай, что будет рассказывать Сергей Филиппович, — ответила ему жена. — Ты ввел к себе в дом мошенника и убийцу.

— Что?

— Вот слушай.

— Да, это очень возможно! — воскликнул Прохоров. — Я узнал вот что, — и он рассказал про Семечкина, про поиски Патмосова и про браслет.

— Э! — задумался Горянин. — Действительно, серьезное дело...

— Но Елену Семеновну нужно спасти! — сказала Горянина.

— Непременно, — отозвался Прохоров. — Я за ней поеду.

— Она говорила мне, что поедет с ним в Ялту.

— Ну, Ялта — небольшое место, — сказал Горянин, — там ты, Сергей, понятно, сумеешь найти их и спасешь нашу милую Елену Семеновну.

— Я еду сегодня же. Мне надо быть в Москве. Там я пробуду два дня, а потом поеду в Ялту. Но, если я не найду их, тогда что?

Горянин тихо свистнул.

— Понятно, трудно по России искать этого Чемизова: он мог уехать в одном направлении, пересесть, вернуться и поехать совсем в другую сторону. Не знаю, что тебе и посоветовать. Но ведь у вас такой советчик, как Патмосов. Чего лучше?

— Во всяком случае, — решительно заявил Прохоров, — я еду сегодня в Москву, заканчиваю свое дело, и оттуда в Ялту. Не найду там Елены Семеновны, протелеграфирую Патмосову. А если вы, дорогая Евгения, Павловна, что-нибудь узнаете, то Богом молю вас... Эти два дня я в Москве. "Лоскутная" гостиница, а затем в Ялте. Телеграфируйте туда на станцию.

— Как только узнаю что-нибудь, тотчас сообщу, — сказала Горянина. — Благослови вас Бог! Вы меня заразили страхом. Я теперь не буду спать ночи. Бедная Елена Семеновна! С ней, может быть, Бог знает что!

— Да, если все это так, то господин Чемизов, так сказать, — фрукт, — проговорил Горянин.

— Кандидат в каторжные работы, и я добьюсь этого, — сказал Прохоров. — По крайней мере, Патмосов почти не сомневается, что он — убийца Коровиной. Теперь задача — поймать его.

— Ну, благослови тебя Бог! — пожелал Горянин. Я тороплюсь.

Он пожал руку Сергею Филипповичу и, поцеловав жену, удалился.

Прохоров посидел еще несколько времени у Горяниных, выпил кофе. В тот же день он собрал необходимые бумаги, уложил чемодан и с одиннадцатичасовым поездом уехал в Москву.

XVI

ВОЗОБНОВИВШИЕСЯ РАЗГОВОРЫ

Графиня Фигли-Мигли устраивала обычный небольшой вечер с танцами для молодежи. В ее доме собрался избранный кружок, и в ярко освещенных богатых и уютных покоях чувствовалось оживление. В зале молодые люди танцевали под рояль, в соседней комнате играли в карты, а в уютной гостиной сидели пожилые люди и вели беседы на политические и общественные темы. Графиня переходила от группы к группе, с обворожительной улыбкой прикладывала к напудренному носу лорнет и очень ловко давала беседе то направление, которое желательно было в ее салоне. Здесь были и генерал Чупрынин, и прокурор Светевич, восходящее светило, которого прочили в министры, и остроумный Семен Николаевич Струков, молодой военный юрист, и генералы на действительной службе, и атташе посольства, и несколько дам высшего света.

Чупрынин окончил игру, встал и перешел в гостиную.

— Как играли? — обратился к нему молодой чиновник министерства иностранных дел.

— Скверно, — ответил Чупрынин. — Не везет в последнее время. Ну, ваше превосходительство, — обратился он к Светевичу, — как насчет "моей руки"?

Прокурор удивленно взглянул на генерала.

— Не понимаю, ваше превосходительство.

— Вот тебе раз! — воскликнул Чупрынин и обратился ко всем: — Вот вам и наша юридическая машина. Вообразите, в декабре месяце мой "Милорд"... собака у меня так зовется, страшный дог, огромнейшего роста... Да, так вот мой Милорд принес к нам в кухню оторванную, замерзшую женскую руку.

— Ах! — воскликнула подошедшая графиня Фигли-Мигли. — Какие вы ужасные вещи рассказываете! Откуда она достала эту руку?

— Со двора, графиня, — ответил Чупрынин. — После этого нашли еще одну ногу, а потом голову. Говорили, что зарезана прекрасная молодая женщина. Я все время жду, когда раскроется это преступление, и вот вам: до сих пор ничего неизвестно, а наш Петр Станиславович даже забыл об этом деле!

Прокурор снисходительно улыбнулся:

— Ваше превосходительство, если обнаружено преступление, то, могу вас уверить, преступник не может скрыться. Дело времени.

— Вот снова начинается тот же разговор! — вкрадчивым голосом произнес Струков. — Я опять протестую. Мы однажды уже вели с Петром Станиславовичем принципиальный спор. Он утверждает, что если раскрыто преступление, то преступник должен быть непременно найден, а я говорю, что, несомненно, есть преступники, не разысканные при наличности открытого преступления. Я даже указывал на несколько таких случаев.

— О, эти случаи! — небрежно протянул прокурор. — Они ничего не доказывают, потому что все указанные вами имели давность лишь одного года. Подождем, и преступники будут открыты.

— А помните, тогда на вечере у адвоката Горянина нам показали опыт внушения?

— Это не доказательство; это было нечто вроде фокуса.

— Да, — перебил генерал, — а как же с тем ужасным преступлением?

— Не могу вам сейчас сказать, ваше превосходительство, — ответил прокурор, — такая масса дел, что я временно упустил это дело из виду. Несомненно, следователь и полиция занимаются розысками, и наступит час, когда преступник будет схвачен.

— Но это ужасно! — воскликнула графиня. — Помилуйте, такое преступление в Петербурге! Да, да, я теперь его помню: нога, рука, потом голова — и молодая женщина. На всех это произвело удручающее впечатление. Я теперь опять буду с тревогою засыпать ночью. Как? До сих пор не найден убийца? И это в столице, в Петербурге, в Европе! Ай-ай-ай, ваше превосходительство! — Она закачала головой и поднялась, чтобы пригласить всех в богато убранную столовую, где был сервирован ужин. Все двинулись за нею.

Прокурор был уязвлен. Он вернулся домой в дурном настроении, а рано утром вызвал товарища прокурора:

— Слушайте, там у вас есть дело по убийству Коровиной. Неужели оно лежит без всякого движения?

— Я наведу справки, ваше превосходительство, — ответил товарищ прокурора и тотчас — к следователю: — Аникий Петрович, у вас есть дело об убийстве Коровиной. Неужели оно лежит без всякого движения?

— О, Господи! У. меня так много дел, дорогой мой! — раздражительно ответил старый следователь. — Может быть, и лежит, я, по крайней мере, давно о нем ничего не слышу.

— Непременно надо его двинуть, — распорядился товарищ прокурора, выходя из кабинета.

На другой день градоначальник, выслушав доклад начальника сыскной полиции, обратился к нему со следующими словами:

— Слушайте, у вас там есть следствие по делу об убийстве Коровиной. Все о нем говорят; до сих пор ничего не открыто. Надо обратить на него внимание и заняться розысками.

— Слушаю, ваше превосходительство! — ответил начальник сыскной полиции и в настроении вернулся в свою канцелярию. — Август Семенович, — обратился он к своему помощнику. — У вас там дело об убийстве Коровиной. Помните: рука, нога, а после голова...

— Как же, как же! — ответил помощник.

— Ведь это Бог знает что такое! До сих пор никаких результатов. Скоро год пройдет, а мы ничего не знаем. Надо искать.

— Я и то старался, но что делать, если утрачены все следы?

— Этого не может быть! В настоящее время об этом опять заговорил весь город. Там какой-то генерал Чупрынин (он с огромным влиянием), графиня Фигли-Мигли — все кругом. Только и разговора и в конце концов обвиняют нас. Постарайтесь, уважаемый!

— Слушаю, — ответил тот и, едва войдя в свой кабинет, тотчас вызвал Чухарева и Калмыкова: — Господа! Непременно надо снова заняться делом об убийстве Коровиной. Это черт знает что такое! Походили, походили; поискали, поискали, да и рукой махнули?! Надо все время настойчиво искать, искать и искать! Извольте снова приняться за это дело.

— Слушаем, — ответили оба агента и, выйдя затем из кабинета, многозначительно переглянулись.

— Ничего! — сказал Чухарев, поднимая указательный палец. — Я убийцу найду. Ты не думай, что я не ищу!

Калмыков только покачал головой и предложил:

— Пойдем в "Плевну".

— В "Плевну"? Можно!

Проведя время как обычно, они расстались: один — в мрачном настроении, а другой — в веселом и радостном.

Чухарев тотчас же отправился к Патмосову:

— Борис Романович, за наше-то дело снова взялись и шум подняли. Там где-то упрекнули нас, что еще не нашли убийцы Коровиной, и теперь все всполошились.

— Ну и пускай! Ты только мне служи, и я тебе верно говорю: этого убийцу найдем!

Чухарев пожал ему руку.

— Это — моя карьера!

— Ну, и ты ее сделаешь, — Патмосов похлопал его по плечу и добродушно добавил: — Только теперь надо немедля докладывать мне обо всем.

— Это непременно.

XVII

ИНЖЕНЕР

Прохоров приехал в Москву с тревожными думами о Дьяковой и Чемизове. До встречи с этим ненавистным человеком он не подозревал, что так безумно любит Елену Семеновну, а теперь не мог ни о чем думать, кроме как о ней, и всякое дело падало из его рук. Ревность сменялась глубоким сожалением об участи любимой женщины, попавшей в руки несомненного преступника. Сергею Филипповичу представлялись страшные картины, от которых он содрогался. Может ли он предупредить опасность? Надо ехать скорее в Ялту. И он лихорадочно торопился закончить свои дела в Москве.

В окружном суде Прохорову предстояла защита, да, кроме того, он должен был получить доверенности от своих новых клиентов и заключить с ними у нотариуса условия. Весь его день проходил в суетливой работе. В Москве трудно сделать какое-нибудь дело без ресторана или трактира. Прохоров то обедал, то ужинал, то завтракал в лучших московских ресторанах, а потом ехал за город — опять-таки в рестораны — и поздно ночью заканчивал свой день. Защита в суде не представляла трудности. Это было гражданское дело, к которому Прохоров тщательно подготовился. Идя в суд, проводя время со своими клиентами, сидя у себя в номере, Прохоров только и думал, что о Дьяковой. И теперь, когда он сидел в кофейне Филиппова и рассеянно пробегал глазами газетные столбцы, он думал только о ней и мысленно уже ехал в Ялту.

— Виноват, — услышал он знакомый голос.

Сергей Филиппович отодвинул газету и увидал господина в форме инженера путей сообщения, который задел стул его соседа и извинился. Прохоров взглянул на инженера и вздрогнул: не было никакого сомнения, что пред ним Чемизов.

Сергей Филиппович быстро встал, но потом одумался, снова опустился на стул и, прикрыв лицо газетой, стал следить за путейцем. Тот прошел мимо столиков и направился к выходу. Прохоров торопливо расплатился, вышел за ним и осторожно пошел сзади.

Мысли вихрем проносились в голове Сергея Филипповича. То ему казалось, что он ошибся и это — простое сходство; то делалось несомненным, что он видит Чемизова, который переоделся для каких-то особых целей. Сергей Филиппович пристально всматривался в стройную фигуру, идущую ровным, медленным шагом, и все больше убеждался, что это — переодетый Чемизов, который вдруг исчез в подъезде большого дома. Прохоров последовал за ним и оказался у двери, на которой крупными буквами было написано: "Ломбард". Сергей Филиппович увидел, что инженер заложил какие-то вещи в красных сафьяновых футлярах, затем вышел из ломбарда и сел на извозчика. Сергей Филиппович успел захватить другого. Ничего не подозревавший инженер подъехал к гостинице "Метрополь", расплатился с извозчиком и скрылся в подъезде. Прохоров переждал и вошел следом за ним.

— Скажите, пожалуйста, — обратился он к швейцару. — Сюда сейчас приехал инженер путей сообщения. Это, кажется, мой знакомый. Быть может, он остановился здесь?

— Инженер Платонов из Петербурга, — равнодушно ответил швейцар, — номер сто семнадцатый, третий этаж.

— Где у вас здесь телеграфная контора?

— Прямо, дверь направо.

Прохоров прошел в контору, сел к столу и быстро телеграфировал Патмосову: "Приезжайте немедленно. Здесь Чемизов".

Дома и тревога, и радость наполнили его сердце. Он радовался, что ему выпала такая удача, и в то же время тревожился, чувствуя, что Чемизов замышляет что-то страшное. Чего ради он, приехав в Москву, переоделся и переменил фамилию? Прохоров не находил ответа. Он послал за справкой в адресный стол, желая найти Дьякову. Вечер он провел тревожно, и, когда лег спать, ему снились кошмарные сны. Он видел Елену Семеновну, которую душит Чемизов, а потом режет на мелкие куски и упаковывает в коробки; он, Прохоров, бросается к нему, а Чемизов с злою улыбкою поднимает нож и бросается на него. И Прохоров просыпался в поту, чувствуя боль от удара рукою о край ночного столика. Он снова засыпал тревожным сном, и снова кошмарные видения преследовали его.

Сергей Филиппович проснулся с головной болью. Ему не хотелось ничего делать, но через некоторое время он оделся и пошел к гостинице "Метрополь", словно его тянула туда неведомая сила. Ехали экипажи, громко звенели трамваи, раздавались смех, крики. Прохоров стал медленно ходить перед подъездом гостиницы. Он присматривался ко всем входившим и выходившим, но не видал ни Чемизова, ни Дьяковой.

Он вернулся к себе в "Лоскутную" гостиницу и увидел на столе справку из адресного стола. Волнение охватило его еще сильнее. Дьякова в Москве не значилась! Сергей Филиппович бросил справку на стол и растерянно стал ходить по комнате. Неужели Чемизов уже расправился с нею? Как хотелось ему видеть сейчас подле себя Патмосова.

Было опасно предпринять какие-нибудь действия, и в то же время он боялся, что упустит благоприятный момент, и Чемизов успеет скрыться. Прохоров собирался послать вторую срочную телеграмму, как вдруг раздался стук в дверь и в номер вошел Пафнутьев. Сергей Филиппович бросился к нему:

— Семен Сергеевич! А где же Борис Романович?

— Он послал меня. Авось справимся и без него, — широко улыбнулся молодой помощник. Патмосова и, положив шляпу, опустился в кресло. — Вы не смущайтесь, Сергей Филиппович. Я тоже кое-что понимаю.

— Помилуйте! Я в вас так же верю, как и в Бориса Романовича. Очень рад, что вы приехали. Отчего вы с таким запозданием?

— Запоздание на несколько часов. Я, собственно, приехал с первым утренним поездом, но нужно было исполнить кое-какие дела, кой-чем распорядиться и потом уже к вам. Ну, уважаемый Сергей Филиппович, рассказывайте: где и что вы видели?

— Погодите! Мы здесь в Москве, а по московскому обычаю, всухую ничего не делается. Я распоряжусь завтраком.

— Превосходно! — сказал Пафнутьев и вынул папиросу.

Прохоров позвонил, и скоро прислуга накрыла стол, уставив его бутылками, рюмками, посудою и вкусной едою.

Сергей Филиппович налил водки и чокнулся с Пафнутьевым.

— Ну, за успех нашего дела! — сказал последний, опрокидывая в рот рюмку. — Теперь будем есть и говорить. Рассказывайте, не теряя времени.

— Рассказывать, собственно, нечего, — ответил Прохоров. — Я встретил путейского инженера и всем существом почувствовал, что это — переодетый Чемизов. У него приделаны борода и усы рыжеватого цвета, но глаза он спрятать не мог. Я его выследил и узнал, что он остановился в гостинице "Метрополь" под именем инженера Платонова.

— Платонова? — ответил Пафнутьев. — Запишем! Когда вы его встретили?

— Только вчера. Я увидел его в кофейне Филиппова, оттуда он отправился в ломбард и там закладывал какие-то футляры. Вслед за тем он проехал в гостиницу "Метрополь". Сегодня утром я часа два гулял перед гостиницей, но он не появился.

— И отлично, — сказал Пафнутьев. — Вообще надо в этих случаях быть осторожным. Спугнуть птицу очень легко. Ну, спасибо за сведения. Будем теперь наводить о нем справки, а там за дело!

— Вы меня известите? — спросил Прохоров.

— Ручаться не могу. Мне хотелось бы довести дело до конца и лишь тогда поставить вас в известность. Будьте терпеливы, Сергей Филиппович. Одно могу сказать, что он от нас не увернется.

— Спасибо вам! — сказал Прохоров. — В руки ваши предаю судьбу бедной женщины.

— Ну, я думаю, она еще в безопасности. Слишком мало времени еще прошло.

— Вечером вы будете свободны? Если да, то приезжайте ко мне и где-нибудь убьем время. Поедем в театр или за город.

— Превосходно! Во всяком случае, часов в десять я вам позвоню. Вы будете дома?

— Я никуда не ухожу. Мои личные дела кончены, и я совершенно свободен.

— Тем лучше. Так, значит, сидите в номере до десяти часов. Если что будет занятного, я сообщу вам. А теперь отправлюсь.

— С Богом! — пожелал Прохоров. — Ах да, забыл еще об одном: я справлялся в адресном столе о Дьяковой, ее нет.

— Вполне понятно: если Чемизов обратился в Платонова, то, очевидно, он и Дьякову превратил в какую-нибудь Семенову или Егорову.

Прохоров ударил себя по лбу.

— Вот простая мысль, которая мне даже не пришла в голову!

— Это свойство простых мыслей, — засмеялся Пафнутьев, пожав руку Прохорова, и вышел.

XVIII

ПО СЛЕДАМ

Чемизов вынул из ящика комода два футляра, обтянутых сафьяном, и раскрыл их. Улыбка озарила его лицо, глаза жадно сверкнули: в одном футляре лежал широкий браслет, тускло мерцая кроваво-красными рубинами, в другом — золотые дамские часы, сверкая бриллиантами, осыпавшими их крышку. Чемизов осторожно закрыл футляры и начал одеваться. В форме инженера, с рыжеватой бородкой, густыми усами и рыжеватым париком, он был совершенно неузнаваем. Только

88

пронзительный взор его черных глаз выдавал его. Он застегнул форменный сюртук и уже взялся за фуражку, когда в дверь постучались.

— Кто там? — окликнул Чемизов.

Дверь приотворилась, и в номер вошел посыльный.

— Господину Кувыркову, — сказал он, подавая Чемизову конверт. — Просят ответа.

Григорий Владимирович вспыхнул и воскликнул:

— Кувыркову, еловая голова, а я — Платонов. Ты бы хорошенько справился у швейцара. Какой тебе нужен номер?

— Сто двадцать первый.

— А у меня сто семнадцатый! Только людей беспокоишь, — и Чемизов, возвратив письмо, резко отвернулся.

— Виноват, — смутился посыльный и вышел из номера.

Чемизов надел пальто и сунул футляры в карман. Он спустился с лестницы, вышел на широкую улицу и медленно пошел. В это время на другой стороне улицы посыльный говорил высокому, худощавому господину в пальто с мерлушковым ободранным воротником и котиковой шапке:

— Видите, Алехин, этого инженера? Так вот вы его ни на одно мгновение не выпускайте из виду. После придете в "Большую Московскую" ко мне и все расскажете.

— Превосходно! — ответил Алехин и тотчас двинулся следом за переодетым Чемизовым.

Посыльный направился в противоположную сторону. Он вышел на Тверскую улицу и скрылся позади каменного флигеля в полутемный тупик. Несколько минут спустя оттуда появился Семен Сергеевич Пафнутьев. Он вернулся в "Большую Московскую" гостиницу, поднялся в лифте на четвертый этаж, прошел по коридору и постучался в номер.

— Войдите! — раздался голос Патмосова.

— Все сделал, — сообщил молодой помощник. — Послал Алехина за Чемизовым. Теперь нужно ждать, что он принесет.

Патмосов потер руки.

— Ну, кажется, теперь мы напали на след! Только бы не упустить птицы и поймать вовремя! Этот господин времени не теряет, и - как знать? — может быть, богатая вдова уже на том свете, и он обрабатывает ее труп, как Коровиной.

— Нет, я не думаю этого, — сказал Пафнутьев, вздрогнув. — Слишком короткое время.

— Будем надеяться, что попали вовремя. Вот какую громадную роль в нашем деле играет случай! Если бы Прохоров не приехал в Москву или если бы, приехав, не встретил случайно Чемизова, то — как знать? — быть может, этот субъект ускользнул бы из рук, а Дьякова тоже фьють!

— Да, — согласился Пафнутьев. — Случай случаем, но все-таки нельзя отрицать, что мы его нашли, а уже гнаться по его следам было легче.

— И нашли случаем, — заметил Борис Романович. — Эту брошку негодяй по неосторожности подарил Дьяковой, к последней ходил тот же Прохоров, который так же случайно познакомился с Семечкиным и узнал про брошку. Все случай. Но наше искусство, Семен, в том, чтобы пользоваться случаем. Другие пройдут мимо него десять раз и не обратят внимания. Вот уметь обратить внимание, уметь сопоставить все случаи, уметь воспользоваться ими — в этом наше искусство! А теперь будем ждать Алехина, следующего случая, и потребуем сюда обед.

— Обедать так обедать, — сказал Пафнутьев. — А Прохорова позовем?

— Нет, нет! Он не должен знать, что я здесь. Только будет мешать. Пусть себе пожарится на огне нетерпеливого ожидания. Позвони слугу!

Молодой человек позвонил, и вскоре они сели за обед.

— Ты что делаешь после обеда? — спросил Семен Сергеевич.

— Я? — Патмосов улыбнулся. — Мое дело одно: отчего казак гладок? Поел, да и на бок. Спать буду.

— Ну, а я пройдусь. Обещался Кате привезти что-нибудь. Кстати, позвоню к Прохорову, чтобы не ждал.

— Делай что угодно; отпуск тебе хоть до полуночи.

— Ну, нет, мне хочется послушать Алехина.

— Да, может быть, он не придет и к полуночи. Проследить человека — дело нешуточное: Бог его знает, где он летать будет. Человек свободный, с желаниями и не без вкуса, кажется, и деньги тратить умеет.

— Во всяком случае, приду до двенадцати.

Они кончили обед. Патмосов лег спать, а Пафнутьев отправился в универсальный магазин "Мюр и Мерилиз" и там долго ходил по отделениям, выбирая подарки для своей милой Кати. Часам к десяти он вернулся в гостиницу и застал Патмосова за просмотром своей записной книжки.

— Не был? — спросил Пафнутьев.

— Нет. Садись пить чай! Ну что, много денег истратил?

— Не без этого. Неловко вернуться с пустыми руками.

— Ну, ну, балуй ее!

Пафнутьев улыбнулся.

— Люблю я ее, Борис Романович, — сказал он прочувствованным голосом. — Кажется, что нет на свете лучше девушки, чем она, а жена будет на славу.

— Ну, мир и любовь! Э... а вот и Алехин!

Раздался слабый стук в дверь, и в номер скользнул Алехин. Он снял шапку, пальто, поежился, подул на руки и потом поздоровался с Патмосовым и Пафнутьевым.

— Согреться хочешь, Константин Иванович? — спросил знаменитый сыщик.

— Если позволите, то с удовольствием. Промерз, продрог, устал как собака.

— Ну, ну... Позвони-ка, Сенечка!

Пафнутьев нажал кнопку звонка и приказал:

— Подайте водку и отбивную котлету! Скорее!

Алехин закурил папиросу и начал свой рассказ:

— Инженер, который был препоручен мне Семеном Сергеевичем, прямо пошел в ломбард. Я — за ним. Там он заложил браслет с рубинами и золотые часы с бриллиантами, денег получил семьсот тридцать рублей.

— Не дурак! — усмехнулся Патмосов. — Дело обделывает.

— После того он взял извозчика и проехал к Филиппову. Там позавтракал.

— Он почему-то любит Филиппова, — сказал Пафнутьев. — Сергей Филиппович там же встретил его.

— Завтракал он бульоном с пирожками.

— Брось! — махнул рукою Патмосов. — Ты еще будешь рассказывать, что он пил и ел, сколько заплатил. Короче! Видался он с кем-нибудь или нет?

— Нет, один сидел, поел скоро, потом взял извозчика и поехал. И уж ехал-ехал... Господи Боже мой! В самый конец Большой Дмитровки, а потом повернул в проулочек; есть там тупичок такой и церковь Спиридония, а подле меблированные комнаты Колчина, называются "Китай-город", грязные, так, средней руки. Большею частью на сутки сдают.

— Ну, ну...

Патмосов насторожился. Пафнутьев смотрел на Алехина горящим взглядом.

Тем временем принесли водку и котлету.

Алехин жадно набросился на еду и продолжал рассказывать:

— Вошел он туда и пробыл, надо быть, часа два, потом вышел оттуда с дамой. Последняя под вуалем и, видно, не совсем здоровая — шла, опираясь на его руку. Опять сели на извозчика и поехали в трактир "Трехгорный".

— Знаю! — и Патмосов кивнул головою.

— Там обедали. После он даму завез опять в "Китай-город", а сам отправился к себе. Я сейчас у этого Колчина — я его знаю — справку навел. Сказывает, госпожа Васса Алексеевна Томилина, вдова статского советника. "Часто, — говорю, — инженер у нее бывает?" — "Почитай каждый день. Приехал и привез ее, сам уехал, а потом постоянно у ней бывает". — "И подолгу у ней сидит?" — "Как придется; случается, что и до полуночи".

Патмосов кивнул.

— Колчина этого знаешь, говоришь?

— Очень хорошо.

— А кто у него в номерах служит?

— Коридорный Егор.

— Горничные есть?

— Две, — ответил Алехин, кончив с едой и закуривая папиросу.

— Вот что, Алехин, — обратился к нему Борис Романович, — перво-наперво скажи Колчину, что ему хорошо заплатят. Пусть он возьмет на место этого Егора нового коридорного, которого ты приведешь. Это — раз! А потом правдами и неправдами пусть освободит комнату рядом с этой Томилиной. Скажи, заплачу вдвое, а для чего — не сказывай.

— Слушаю, Борис Романович, все понимаю, — твердил Алехин. — Это я вам завтра сделаю.

— Ну, вот. А теперь с Богом! Получи свое! — Патмосов дал агенту десять рублей и прибавил: — Завтра утром все это ты мне состряпай.

— Непременно, будьте спокойны! Алехин пожал руки, оделся и вышел.

— Золотой человек, — сказал Патмосов, — если бы не пьяница.

— Очень старательный, — добавил Пафнутьев. — Ты займешь номер — это так. А кого в коридорные поставишь?

— Тебя, Семен, вот кого! Ты за коридорного мужика денька два поработаешь, а я — барином: будешь мне сапоги чистить и самовар готовить.

— Идет! Я для своего дорогого тестюшки все готов, — и Пафнутьев засмеялся. — А как ты думаешь, птицу поймали?

— Я уверен, что дело у нас в кулаке. — Патмосов поднял руку и сжал кулак. — Теперь только схватить вовремя — и шабаш!

XIX

У СЛУХОВОГО И ЗРИТЕЛЬНОГО ОТВЕРСТИЯ

Пройдя путь от официанта в ресторане "Прага" до хозяина меблированных комнат, Колчин был хитрый мужичонка. Что ему за дело до господских затей? Лишь бы платили денежки. И он тотчас согласился на предложение Алехина; поморгал красными, воспаленными веками, подергал седую козлиную бороденку, подтянул штаны и рассудил:

— Что же, Константин Иванович, сделайте ваше одолжение! Мужика тащите, я с него только пять рублей в день возьму и ничего спрашивать не буду, а что до комнаты, так я сейчас жильца высажу, а часика через три милости просим. У меня тут шантрапа такая живет — не то художник, не то праздношатай; уйдет и целый день шаты шатает, а деньги платить — когда три рубля, когда два. Сейчас попрошу его о выходе. — И он направился к двери, за которой жил бесшабашный художник.

Алехин приехал в "Большую Московскую" гостиницу к Патмосову довольный.

— Милости просим, Борис Романович, часика через три, а вы, Семен Сергеевич, сейчас!

— Превосходно! — обрадовался Пафнутьев. — Вы мне, Константин Иванович, записочку к Колчину дайте, я и пойду. Потому мне отсюда переодетым идти неловко, а в таком виде, пожалуй, в коридорные не возьмут.

— Ты, значит, сейчас отправишься, а я с Константином Ивановичем попозднее. Все-таки и мне принарядиться надо, — заметил Патмосов.

Красивый и расторопный мужик вышел из Пафнутьева. Он надел смазные сапоги, ситцевую рубашку, а поверх нее жилетку с серебряной цепочкою и пиджак. Припомаженные волосы гладко лежали по обе стороны пробора, и простое, открытое русское лицо как нельзя более подходило к его роли. Колчин, встретивший его, усмехнулся в бороденку и сказал:

— Пять рубликов с вашей милости, а вы будете на кухне будто всякую работу справлять.

— Знаю, знаю, — ответил Пафнутьев. — А жить где?

— А тут, на кухне, — пояснил Колчин. — Только, опять, простите, ваша милость, мне иногда и покричать на вас надо.

— Сделай такое одолжение! — засмеялся Пафнутьев. — Ну, здесь, значит, и жить? Да? Ну, так получи вперед! — добавил он, передавая двадцатипятирублевку Колчину, вследствие чего тот сразу проникся к нему глубоким уважением. — Сейчас, значит, нет никакой работы?

— Сейчас никакой. Смотрите вот на эту таблицу и, как где звонок, пожалуйте в номер. А звать как?

— Зови просто Семен.

— Отлично. А когда господин приедут?

— Вероятно, скоро.

Колчин с нетерпением стал ждать нового жильца. Действительно, вскоре приехал господин с черной бородою, густыми усами, в очках.

— Пошли человека взять вещи с извозчика, а сам покажи комнату, — обратился он к хозяину.

Низко кланяясь, Колчин провел нового жильца в полутемную, грязную комнату с порванными обоями, с дешевой мебелью.

— Тут, — пояснил он, — девяносто рублей в месяц, а ежели посуточно, то по четыре рубля.

— Беру посуточно, — сказал Патмосов. — Вели мужику принести чемодан.

— Мигом, ваша милость!...

Колчин вышел, отдал приказание и вернулся.

Патмосов внимательно осматривал комнату и ее убогую меблировку. Около внутренней запертой двери стоял комод, напротив — обычный круглый стол, диван и два кресла; в углу — этажерка, а у входной двери — кровать за занавеской. Патмосов уточнил:

— А где барыня?

— Тут, — и Колчин указал на запертую дверь.

— Стенка толстая?

— Самая тоненькая перегородочка; можно сказать, паутинка. Все слышно, — шепотом ответил Колчин.

Патмосов снисходительно улыбнулся.

— Ну, пока до свиданья!

Не успел хозяин "Китай-города" откланяться, как в комнату с чемоданом в руках вошел Пафнутьев.

— Ну, здравствуйте вам! — сказал он, садясь в кресло.

— Тсс... Что ты, дурак, рот открыл? Здесь перегородка, как паутина. Шепотом говорить надо, — прошептал Патмосов сердито.

Тот сконфузился и приблизился совсем вплотную к Патмосову.

— Что мне делать?

— Сейчас ничего. Ты только следи, когда он приходит и уходит — один или со своей дамой. Вот и вся твоя работа. А теперь иди отсюда, — и он стал развязывать чемодан.

Вошла коридорная поменять постель и принесла воду.

— Как вас звать? — поинтересовался Патмосов.

— Таня, — ответила девушка.

— Так вот, Таня, после мы с вами поговорим по душам, а теперь возьмите полтинничек.

— Много вами благодарна, — удалилась коридорная.

В номере было тихо. Казалось, в нем замерла жизнь. Борис Романович внимательно осмотрел стену соседней комнаты и дверь, а потом лег на диван и закурил папиросу. Прошло много времени. Патмосов, быть может, дремал; вдруг раздался стук в дверь и просунулась голова Пафнутьева.

— Пришел! — тихо шепнул он.

Патмосов тотчас приник ухом к дверной щели. Но тщетно он напрягал свой слух. До него доносились гул голосов, звуки передвигаемой мебели, звякнула чайная ложка о край стакана, на пол упал нож, и все смолкло, потом раздался смех и опять невозможно было различить голоса. Патмосов отошел от двери и снова прилег на диван.

Спустя некоторое время Пафнутьев заглянул в номер:

— Оба уехали. Меня посылали за извозчиком. Поехали в какой-то бар на Никитской.

— Ладно! Нам это все равно, — сказал Патмосов, лениво поднимаясь. — Пройди к хозяину и спроси, нет ли у него ключа от двери.

Пафнутьев довольно скоро вернулся с ключом.

— Только хозяин сказал, что он должен быть с нами, потому что опасается.

— Пусть!

Борис Романович вышел в коридор и открыл дверь в соседний номер. Колчин вошел следом за ним в жалкую, ободранную комнату, сел в кресло и стал следить за тем, что будет делать его странный новый жилец. Последний между тем сказал Пафнутьеву несколько слов, и тот сейчас же вышел из номера. Патмосов оглядел стену, прилегающую к его комнате, и стукнул по ней в трех местах, потом обернулся к хозяину.

— Вот и все! А теперь посидим минутку. — Поинтересовался: — Доходное дельце ваш "Китай-город"?

— Так что на Бога жаловаться не приходится, — торопливо ответил Колчин. — Главным образом номера на сутки. Место бойкое, недалеко бульвар. Нет-нет да и зайдут отдохнуть.

— А этого инженера знаете?

— Нет. Привез свою даму, заплатил за месяц и оставил. Ничего барыня, хорошая; одна никуда не выходит, все сидит дома, а вдвоем уедут, пообедают и назад. Редко когда поздно возвращаются.

В это время раздались шорох, треск, и из стены вышел конец коловорота.

— Заплачу за стену, — успокоил Патмосов Колчина. — Три дырки — не беда!

Старик только кивнул головой.

— А видно не будет?

— Авось проглядят, — ответил Патмосов. — Дырка не Бог весть какая, а обои у вас рваные, старые и такие темные, что ничего на них не увидишь.

— По мне, беды нет, — вздохнул старик. — Долго вы тут еще будете?.

— Нет, с вами же и выйду. Запирайте дверь!

Борис Романович вернулся в комнату, где его ждал Пафнутьев.

— Ну, сегодня буду делать наблюдения, а завтра надо бы и за работишку. Теперь ты, друг мой, иди и сторожи их возвращение. Хотя, положим, я и сам услышу, — прибавил он.

— А когда мы с тобой, Борис Романович, обедать отправимся?

— Ну, сегодня уж без обеда. Пошли Таню за закусками да чай устрой.

Пафнутьев позвал горничную; Патмосов отдал ей нужные распоряжения, а потом придержал ее за руку, давая полтинник со словами:

— А что, милая Таня, за теми жильцами не видала ты чего-либо занятного?

— Нет, ничего особенного; люди как люди. Барыня сначала была очень веселая, а теперь все задумавшись. Как инженер придет, она радостная, смеется, а как уйдет — будто уснулая. Никуда не ходит, все в постели лежит. А как придет инженер, сперва говорят они: тру-ту-ту, тру-ту-ту, а потом тихо-тихо станет, а там и поедут.

— Целуются? — спросил Патмосов, подмигивая девушке.

Таня засмеялась.

— Один раз пришла — она у него на коленях, а он ее обнял. Сейчас соскочила и начала скатерть на столе поправлять. Барыня, видно, богатая.

— Ты почему думаешь?

— Много вещей драгоценных. Как придешь комод убирать,

так сейчас подле зеркала и на столе все дорогие вещи лежат. И духи тонкие...

— Ну, милая, вот тебе деньги: беги скорее в буфет. Поем и спать лягу.

Оставшись один, Патмосов подошел к проверченным дыркам и стал прикладывать к ним свой глаз. Он увидел и стол, и половину комода у противоположной стены, и диванный столик, и часть занавески, скрывавшей кровать.

— Отлично! — пробормотал он.

Таня принесла закуски и вино, а Пафнутьев с расторопным видом коридорного слуги внес самовар, а потом чайник со стаканом.

— Добро! Сегодня что-нибудь да узнаю, — сказал Патмосов, отправляя Пафнутьева.

Борис Романович только-только успел поесть и приготовился писать письмо, как вдруг услышал в соседней комнате скрежет дверного ключа. Патмосов поспешил приникнуть глазом к одной из дырок, а в другую вставил конец слуховой трубки. Дверь распахнулась, и в комнате оказалась высокая, стройная дама в дорогом манто, а с нею — инженер. Он помог ей снять шляпу с густой вуалью, и Патмосов увидел бледное, восковое лицо с безжизненными глазами. Вся фигура женщины изобличала молодость, силу и энергию, но Борис Романович видел вялые, нерешительные движения. Дама подошла к креслу у письменного стола и, опустившись в неге, зажала голову руками.

— Голова болит, — слабым голосом произнесла она. Инженер снял пальто, фуражку и подсел к женщине.

— Пустяки! — сказал он глубоким, бархатным голосом. — Я приложу к твоему лбу руку, поцелую твои глаза, и ты успокоишься.

— Успокой меня! — тихо попросила женщина.

Патмосов, не отрываясь, смотрел на то, что происходило перед его глазами. Ни одно слово не ускользало от его слуха, ни одно движение не пропадало для его глаз. Время, казалось, летело. Прошел час, другой, третий, а Патмосов внимательно смотрел в щелку и следил за всем, что происходило в соседней комнате. Наконец женщина встала, перешла к алькову и скрылась за занавеской. Инженер оделся и крикнул: "До свидания, до завтра!" Дверь хлопнула, по коридору раздались шаги. Почти тотчас Пафнутьев вошел в комнату.

— Можешь говорить громче, — сказал Патмосов. — Теперь, друг, я все знаю. Завтра днем будем делать облаву. Спроси у хозяина адрес-календарь "Вся Москва". Я сейчас уеду.

Пафнутьев скоро вернулся с толстым адрес-календарем.

— Ну, будем искать врача-психиатра, — раскрыл книгу Борис Романович, он нашел отдел "врачи" и стал водить пальцем по длинному столбцу фамилий. — Вот, — сказал он. — Чермозов переулок. Спроси хозяина, далеко ли это?

Пафнутьев узнал.

— Говорит — недалеко. Тридцать копеек извозчику за глаза.

— Ну и превосходно! Чермозов переулок, дом тридцать два, доктор Петр Аркадьевич Переверзев. Запиши, Сеня! Как понадобится, сейчас за ним полетишь. Понял?

— Чего не понять? Запишем.

— А теперь я ухожу, — сказал Патмосов. — Вызови Алехина, чтобы он был здесь и ждал меня. Приготовь выпить и закусить, он всегда голоден: пить много не давай.

Патмосов надел галоши, пальто, шапку и торопливо вышел из меблированных комнат.

Он съездил в Чермозов переулок и долго разговаривал там с доктором Переверзевым, выйдя от него, взял извозчика и приказал ехать в "Лоскутную" гостиницу.

XX

ПОДГОТОВКА АТАКИ

Прохоров терял всякое самообладание. Словно какая-то насмешка! Приехал Пафнутьев, показался, наболтал и скрылся; обещался посещать его и сообщать о ходе своих занятий — и словно утонул: ни слуху ни духу, и, как нарочно, не сообщил своего адреса. Неужели он упустил птицу?

Целых три дня Прохоров томился в неизвестности, боялся выйти из номера — вдруг приедет Пафнутьев! — и сидел здесь словно арестант. В волнении он ходил взад и вперед по комнате, истреблял десятками папиросы, принимался за чтение, но бросал книгу и снова ходил. Он боялся даже отлучиться из номера и требовал к себе и обед, и завтрак, и ужин. Он побледнел, осунулся, движения его стали нервны.

Было уже двенадцать часов ночи; прошел еще один день, а он не имел никаких известий от Пафнутьева. Он тяжело вздохнул и стал медленно раздеваться. Лежа в постели, он взял уголовные речи Кони, но его взор рассеянно бегал по строкам. Вдруг раздался стук, и Сергей Филиппович наконец услышал знакомый голос:

— Можно?

В один миг Прохоров соскочил с постели и в одном белье, на босу ногу, побежал открывать дверь. В комнату вошел Патмосов.

— Вы?! Борис Романович! — воскликнул Прохоров. — Сейчас приехали?

— Какое! Вы, дорогой мой, оденьтесь, а то простудитесь в этом неглиже. — Патмосов повесил пальто, снял галоши, положил на столик шапку и, сев в кресло, продолжал: — Какое! Я здесь уже третьи сутки околачиваюсь. Приехал вместе с Семеном Сергеевичем, его к вам послал, а сам стал дела обделывать.

— Вы были здесь, а я и не знал, горел, как на раскаленных углях! Ну что? Узнали что-нибудь?

— Многое, дорогой мой. Скажу вам попросту: завтра мы поймаем Чемизова.

— Да ну? — и Прохоров так и подскочил.

— Рассказывать особенно нечего, — продолжал Патмосов, — а вот вам приказ: одевайтесь и едемте со мною. По дороге кое-что расскажу, а на месте дам наставления.

— Мигом, сейчас! Значит, и я послужу вам.

— Непременно! Самое главное для меня, чтобы вы сказали, госпожа ли Дьякова с ним или другая. На беду, я не знаю ее в лицо, а это очень важно. Во всяком случае, он сейчас обрабатывает богатую барыню. И шельмец же!...

— Я сию минуту! Куда же мы поедем?

— А поедем ко мне на квартиру. Здесь я снял номерок в меблированных комнатах. Там будут и Пафнутьев, и еще один мой помощник. Вот вчетвером сядем и все обмозгуем. Собирайтесь.

Прохоров оделся со скоростью пожарного, и они вышли из гостиницы. Борис Романович дорогой говорил спутнику:

— Хитрая, батенька, эта шельма! И сколько у него на душе преступлений, я и сказать боюсь!

— Но она... она жива? — нервничал Прохоров.

— Это вы мне скажете, — ответил Патмосов. — Я уже докладывал вам, что Дьяковой в лицо не знаю. Думается мне, что жива. Дама, которую сейчас обрабатывает этот негодяй, с виду высокая...

— Да, да, и Елена Семеновна высокая... И лицо такое оживленное; глаза смеются.

99

— Ну, это, может быть, так и было, а теперь, с позволения сказать, одна грусть. Ну, да вы увидите!

— Поезжай скорее, голубчик! — сказал Прохоров извозчику.

Сердце Прохорова сжималось. Что значили слова Патмосова? Быть может, Елена умирает; быть может, этот негодяй отравляет ее медленным ядом — она тает, и нет для нее спасения.

— Как вы думаете, что он с ней делает? — спросил он, обернувшись к своему спутнику.

— А это, дорогой мой, мы увидим. Ну, вот сейчас и поедем.

Они въехали в узкий переулок и недалеко от церкви Спиридония остановились подле убогого подъезда меблированных комнат "Китай-города". Прохоров расплатился с извозчиком и пошел следом за Патмосовым по узкой и грязной лестнице, тускло освещенной керосиновой лампой. Патмосов провел спутника в свой номер. Здесь за круглым столом сидели Пафнутьев с Алехиным. Прохоров изумленно посмотрел на Семена Сергеевича, одетого коридорным слугою, и с упреком сказал:

— Не стыдно вам?

Пафнутьев горячо пожал его руку.

— Что же могу я, Сергей Филиппович, если мне Борис Романович запретил? Я к вам всей душою, а он говорит: "Пусть подождет!"

- Ничего, ничего! Зато теперь все дело у нас, как облупленное яйцо, — и Патмосов засмеялся. — А они уже все поели и выпили, — сказал он, встряхивая почти пустую бутылку. — Ну, выпьем с вами, Сергей Филиппович, по единой, а потом станем разговаривать. Говорите только вполголоса. — Он налил две рюмки, чокнулся, выпил и представил: — Вот это — мой помощник Константин Иванович Алехин.

Алехин поспешно вскочил, шаркнул ногою и смущенно улыбнулся. Прохоров протянул ему руку.

— Ну, а теперь слушайте. Я доподлинно узнал, что негодяй Чемизов занимается гипнотизмом над своей жертвой. Завтра он должен прийти сюда утром. Вот поэтому-то я вас и пригласил сюда, так как утром вы могли бы попасться ему на глаза и испортить все дело; теперь же вы здесь проведете ночь, а с утра мы начнем наблюдения. Если мои предположения оправдаются, то, как только я подам сигнал, Семен тотчас поедет за доктором. Ты записал адрес? Петр Аркадьевич Переверзев. Я уже переговорил с ним обо всем. Константин Иванович неотступно будет следовать за этим инженером, а что касается нас с вами, то мы будем действовать сообразно обстоятельствам.

— А где она? — замирая, спросил Прохоров.

— Здесь! — и Патмосов указал на стену.

Сергей Филиппович вскочил, потом бессильно опустился в кресло. Голова у него закружилась: она здесь! Жертва наглого обманщика.

— Только вы уж сохраните спокойствие! — сказал Патмосов, словно угадывая его мысли. — Она спит. Сегодня я видел тяжелую картину. Он усыплял ее. В этом я мало понимаю, но догадался. И потом она отдала ему какие-то футляры.

— Значит, он постепенно отбирает ее вещи и ходит в ломбард закладывать их?

— Вот именно. По всем вероятиям, деньги он уже забрал. Что он будет делать завтра, хорошо не знаю, но кажется мне, что что-то решительное. Здесь мы его и зацапаем. — Борис Романович потер руки. — Ну, Семен, ты — кухонный мужик, иди к себе на кухню, а ты, Константин Иванович, беги домой. Вот твоя мзда, — Патмосов подал ему десять рублей, — и чтобы завтра утром, часов в восемь, ты уже был тут. Понял? Ну, и отлично! А мы с Сергеем Филипповичем расположимся на ночевку.

— Вы ложитесь на постель, — обратился Патмосов к Сергею Филипповичу, когда все ушли, — а я здесь, на диване.

— Зачем? Нет, уж вы, Борис Романович, ложитесь, как всегда, а я могу и не ложиться.

— Что нам с вами спорить? Говорю, ложитесь, и все.

— Нет, у меня не сон на уме, — сказал Прохоров, опуская голову.

— Да. Завтра решится важный вопрос — она или не она. Если не она, то это — уже третья жертва этого негодяя: Коровина — раз, Дьякова — два и эта — третья...

— Ужасно! Как такой мерзавец может жить?

— Ну, как говорит пословица: "Как веревку ни вить, а концу быть". Вот и пришел конец! Быть бычку на веревочке. Вот и попался! Ну, извините меня!... Беру свою дорожную подушку и ложусь. — Патмосов бросил на диван подушку, снял сюртук и жилетку и прикрылся пледом. — Ложитесь и вы, — нетерпеливо сказал он Прохорову.

Сергей Филиппович ушел за занавеску. Патмосов загасил огонь и вскоре заснул, оглашая комнату храпом. Но Прохоров спать не мог. Мысли вихрем проносились в его голове; кровь приливала к вискам, когда он думал, что, быть может, завтра не увидит Дьяковой, что она уже погибла, и ему, как Семечкину, остается только месть. Не менее ужасно, если, будучи во власти Чемизова, она навсегда потеряла здоровье. У Сергея Филипповича разгоралась ненависть к Чемизову, потом злоба сменялась жалостью и нежной любовью к Дьяковой, а при мысли, что, может быть, она здесь, за стеною, сердце его замирало в тоске, и он нетерпеливо ждал дня. А рассвет все не наступал, и ночные часы тянулись томительно долго. Наконец Прохоров заснул, но тревожны были его сновидения, и он метался и стонал.

— Ну, дорогой, пора вставать и чай пить! — услышал он сквозь сон голос и открыл глаза. — Вставайте, вставайте, — говорил Патмосов, стоя подле его кровати, — напьемся чаю и станем на страже. Уже девять часов.

Прохорову казалось, что он спал всего несколько минут. Он быстро поднялся, освежил лицо холодной водою и сел к столу, на котором уже кипел самовар. Алехин сидел за столом, шумно потягивая с блюдца чай в ожидании приказаний Патмосова. Прохоров поздоровался и присоединился к чаепитию.

В дверь раздались три условных стука.

— Пришел! — шепотом сказал Патмосов, поднимая палец. — Теперь внимание! Пожалуйста, дорогой, — обратился он к Сергею Филипповичу, — воздержитесь от всяких возгласов. Вот дырка. Взгляните и, если увидите женщину, скажите, Дьякова это или нет. Сапоги лучше снять.

Прохоров снял сапоги, подошел к стене и жадно приник глазом к просверленному отверстию. В ту же минуту он обернулся к Патмосову с взволнованным лицом и трижды кивнул ему головою.

— Отлично, — шепотом сказал Борис Романович и подошел к другому отверстию. — Теперь внимание!

И они оба замерли, в то время как Алехин в ожидании налил шестой стакан чая.

XXI

ЖЕРТВА ВЫРВАНА

Дьякова сидела в кресле у письменного стола, одетая в изящный байковый капот со шнурами. В ней нельзя было узнать прежнюю молодую красавицу; она с немой покорностью смотрела пред собою; ни одно движение не выдавало ее волнения или чувств. Раздался стук в дверь. Она подошла, повернула в двери ключ, и Прохоров невольно содрогнулся, увидев вошедшего Чемизова в форме инженера.

— Ты только что встала? — спросил последний Елену Семеновну.

— Да.

— Чай пила? Нет? Ну, так распорядись чаем!

Негодяй разделся. Дьякова позвонила прислуге и, когда вошла Таня, сказала равнодушным голосом:

— Приготовьте чай и сходите за булками.

— Как ты провела ночь? — спросил Чемизов, целуя руки молодой женщины.

Слабая улыбка мелькнула на ее губах.

— Я спала крепко и хорошо, — ответила она. — Ты сегодня проведешь со мною весь день?

— Весь день, моя дорогая. А завтра мы уедем с тобою в Крым.

Лицо Дьяковой немного оживилось.

— Я не знаю отчего, — сказала она, вяло проводя по лицу бледною рукою, — но чувствую себя все время совершенно утомленной и обессиленной. Мне даже начинают казаться забавные вещи. Вдруг горничная называет меня Вассой Алексеевной. Я поправила ее три раза и сказала: "Зови меня Елена Семеновна", — а она опять: "Васса Алексеевна".

— Она глупая, — сказал Чемизов. — Вероятно, эта Васса жила здесь долго, и она привыкла.

Таня принесла чай, булки, масло и сахар и вышла.

Чемизов придвинулся к Дьяковой, взял ее руки и устремил на нее взгляд. Прохорову стало страшно. Он смотрел в щелку, сжимая кулаки. Чемизов вдруг резко сказал: "Спи!" Голова Дьяковой откинулась к спинке кресла, и руки повисли вдоль тела. Чемизов подержал их, потом выпустил и стал говорить тихим, внятным голосом:

— Ты все еще не хочешь подчиниться моим приказаниям. Ты меня слышишь?

— Слышу, — произнесла Дьякова.

— Запомни же: ты — не Дьякова, ты — не Елена Семеновна, ты — Томилина, вдова статского советника, Васса Алексеевна. Запомнила? Так, повтори!

— Я — Томилина, Васса Алексеевна, вдова статского советника.

— Так! Теперь слушай! Когда ты проснешься, то должна

подписать мне обещанную дарственную на имение, но когда будешь подписывать, то опять станешь Дьяковой. Что ты должна сделать?

— Я должна подписать тебе дарственную на свое имение Отрадное и снова быть Дьяковой.

— Мы после поедем с тобою к нотариусу, и там ты скрепишь свою подпись.

— Да.

Чемизов снова взял руки молодой женщины, похлопал по ним, дунул в ее лицо и сказал:

— Проснись!

Елена Семеновна тяжело вздохнула, раскрыла глаза и вяло оглянулась.

Чемизов уже сидел в небрежной позе, куря папиросу, и как ни в чем не бывало произнес:

— Что же, моя милая, давай пить чай, а потом я поеду.

— Ах, я о чем-то задумалась, — сказала Дьякова, проводя рукою по лицу. — Прости, милый, про чай я совсем забыла.

Она поднялась и медленно пошла к столу.

Прохоров перевел дыхание и вытер платком покрывшийся потом лоб. Патмосов строго погрозил ему пальцем. Сергей Филиппович снова приник к отверстию и, не видя Дьяковой, услышал ее слабый голос:

— Ты привез с собою бумагу?

— Да, это — твоя прихоть: дарственная запись... Привез... А что? — беспечно сказал Чемизов.

— Я хочу подписать ее. Ты повезешь ее к нотариусу, а потом мы поедем вместе и закрепим ее.

— Надо ли это, милая? Я люблю тебя и без этих подарков.

— Нет, нет! Если ты любишь меня, то должен принять. Мне хочется быть бедной, бедной... нищей и принадлежать только одному тебе.

— Забавная! Ну, хорошо; вот бумага. Иди, подпиши.

Прохоров увидел следующее: Чемизов подошел к столу и, не скрывая торжествующей улыбки, положил развернутую бумагу, обмакнул перо в чернильницу и протянул его Дьяковой. Та подошла расслабленной походкой, опустилась в кресло и взяла перо. Чемизов наклонился и положил руку на ее обнаженную шею.

— Здесь? — спросила Дьякова, указывая на бумагу.

— Здесь, — ответил Чемизов. — Пиши: "Вдова купца первой гильдии, Елена Семеновна Дьякова". Все.

Он нагнулся и крепко поцеловал молодую женщину. Она обняла его шею.

Прохоров откачнулся от стены и, бессильный, прислонился к комоду. Патмосов успокаивающе положил на его плечо руку.

— Ну, я поеду, — раздался бодрый голос Чемизова, — много через час я приеду за тобою. Ты одевайся и жди. Потом — обедать, а завтра в Крым.

— Приезжай скорее, мой милый! — проговорила Дьякова, не поднимаясь с кресла.

Хлопнула дверь, раздались торопливые шаги.

— За ним! — сказал Патмосов Алехину, который уже надевал пальто и держал в руках шапку.

Константин Иванович стремительно вышел. Патмосов выглянул в коридор и позвал Пафнутьева:

— Не жалей денег, поезжай к Переверзеву и вези его сюда. Он ждет.

— Я уже заказал автомобиль. Обернусь мигом!

Патмосов вернулся к Прохорову:

— Пойдемте к ней! Сейчас приедет доктор.

— Идемте, — весь дрожа, ответил Сергей Филиппович.

Прохоров распахнул дверь соседнего- номера. Дьякова сидела неподвижно. Сергей Филиппович подошел к ней и громко воскликнул, стараясь сделать радостное лицо:

— Елена Семеновна, вот не ожидал встретить вас!

Дьякова подняла на него безучастный взгляд. Ее лицо выразило удивление, она приподнялась и спросила:

— Что вам угодно? Про какую Елену Семеновну вы говорите?

— Про вас, — сказал Прохоров.

— Вы ошиблись. Я — Васса Алексеевна Томилина.

— Вы не узнаете меня? Я — Прохоров... Сергей Филиппович Прохоров, которого вы обещали позвать к себе, если вам будет грозить опасность. Неужели вы позабыли?

Дьякова отшатнулась.

— Вы ошибаетесь, я позову прислугу! А вам что угодно? — обратилась она к Патмосову.

— Ничего, — ответил тот беспечным тоном. — Хотел представиться как сосед. Борис Романович Патмосов!

— Очень приятно, но мне некогда. Я должна одеться и прошу вас пожаловать ко мне в другое время.

Патмосов кивнул с улыбкою, сел в кресло и сказал:

— Простите меня великодушно, но я устал и посижу у вас немного. Мой приятель, может быть, сумеет напомнить вам о себе.

— Я возмущена вашим поведением, — резко сказала Дьякова. — Я позову прислугу.

Она направилась уже к звонку, но в этот момент дверь открылась, и вошел Пафнутьев в сопровождении высокого господина со строгим лицом.

Патмосов встал ему навстречу и тихо сказал:

— Она сейчас под гипнозом.

Вошедший доктор решительно подошел к Дьяковой, которая смотрела на него изумленным взглядом, резко протянул к ней руку и громко, повелительно сказал:

— Спите!

Дьякова вздрогнула.

— Спите! — повторил доктор.

Пафнутьев и Прохоров подскочили к молодой женщине, которая пошатнулась. Голова ее запрокинулась, глаза закрылись.

— Положите ее на постель, — сказал доктор, — занавесьте окна! Нужен совершенный покой.

Он откинул полог алькова. Прохоров опустил шторы.

— Теперь расскажите, что было.

Прохоров взволнованно передал все виденное. Доктор слушал его внимательно, потом на мгновение задумался, после чего спросил:

— Как вы думаете, сколько времени могли продолжаться его опыты?

— Со дня знакомства, то есть три-четыре месяца.

Переверзев покачал головою, но затем успокоил:

— Ничего! Мы, может быть, поможем ей. Пусть теперь она спит; надо совершенно устранить его влияние. Сейчас я сделаю ей соответственное внушение, а потом, когда она проснется, было бы хорошо перевести ее в совершенно иную обстановку.

— Мы это можем сделать сейчас, — сказал Пафнутьев. — Автомобиль здесь, я возьму номер в "Большой Московской" гостинице, и она очнется там.

— Это было бы хорошо. Сейчас я сделаю ей внушение. Одну минуту.

В это время дверь распахнулась, и в комнату вошел Чемизов, но тотчас остановился, словно парализованный.

— Негодяй! — воскликнул Прохоров, быстро подходя к нему. — Теперь все ваши проделки открыты. Вор, убийца, мерзавец!

Но Чемизов не дослушал его обвинений и быстро повернул назад.

— Он убежит! — растерянно сказал Прохоров.

— Не беспокойтесь! — ответил Патмосов. — За ним есть надзор. Давайте думать о ней, — и он указал на Дьякову.

106

Доктор наклонился над молодой женщиной и сказал:

— Когда вы проснетесь, то должны помнить, что вы — Елена Семеновна Дьякова. Кто — вы?

— Васса Алексеевна.

— Неправда! — перебил Переверзев резким голосом. — Вы — Елена Семеновна Дьякова. Повторите!

— Я — Елена Семеновна Дьякова.

— Да! Вы приехали из Петербурга.

— Я приехала из Петербурга.

— С негодяем Чемизовым.

— С негодяем Чемизовым.

— Вы должны будете вспомнить все, что он приказывал вам. Поняли?

— Да.

Переверзев выпрямился.

— За успех еще не ручаюсь. Она будет спать еще долго. Я часов в шесть приду к вам в "Большую Московскую" гостиницу. А теперь везите ее.

Прохоров горячо пожал ему руку.

— Доктор, вы думаете, что она совсем будет освобождена от его влияния?

— О да, несомненно! Но для этого надо время. Необходимо чем-нибудь рассеять ее, отвлечь ее мысли.

— А на ее здоровье это сказалось сильно?

— На нервной системе отчасти, но и это пройдет, едва она освободится от его влияния. Необходимо увезти ее сейчас же, да так, чтобы тот господин не знал, где она находится.

— Я понял.

— Оденем ее и повезем, — сказал Пафнутьев. — Я уже заказал номер и автомобиль.

Они бережно завернули Дьякову в ее дорогое манто, надели на нее шляпу с вуалью, взяли под руки, осторожно вывели из грязных номеров и усадили в автомобиль. Прохоров сел рядом с нею, а Пафнутьев — напротив.

— Ну, с Богом! — сказал Патмосов. — Ты, Семен, как только устроишь ее, сейчас отправляйся в "Метрополь". Там будем я и Алехин.

— Мигом! — пообещал Пафнутьев.

Автомобиль загудел и помчался по московским улицам.

Патмосов вернулся, уложил свой сак, убрал с Таней вещи Дьяковой и отправил их с посыльным; после этого он дружески простился с Колчиным и поехал в "Метрополь".

— Здесь? — спросил Борис Романович Алехина.

— Вошел и заперся.

— Ну, отопрет! — сказал Патмосов. — Идем!

Они пошли в подъезд и поднялись в лифте на третий этаж. Там они быстро прошли по коридору и остановились у двери номера сто семнадцать.

XXII

В ЖЕЛЕЗНЫХ ТИСКАХ

Чемизов с побледневшим лицом дрожащими руками быстро складывал вещи в чемодан. Вдруг в дверь раздался осторожный стук. Чемизов, еще ранее приказавший лакею подать счет, решил, что это он, и спокойно отпер дверь. В ту же минуту инженер с проклятием отшатнулся: вошел Патмосов в сопровождении Алехина.

— Не рекомендую вам кричать, это рискованно, потому что прибегут люди, — сказал Патмосов с усмешкой и быстро повернул ключ в двери, после чего спокойно опустился в кресло.

Чемизов с нахмуренными бровями, с искаженным от злобы лицом смотрел на незваных гостей.

— Господин Чемизов, или господин Кругликов, как вас именно звать — точно мне не известно. Что вы теперь нам скажете? — спросил Борис Романович.

— Я не понимаю, о чем вы говорите и как вы смели ворваться ко мне?!

— Смеетесь, господин хороший! — спокойно ответил Патмосов. — Я сорву с вас парик и бороду, позову полицию, и вы сразу узнаете, смею ли я. А спрашиваю я с вас многое. Дарственная запись на имение Дьяковой — раз... Второе — все квитанции на вещи, которые вы выманили у Дьяковой и заложили в качестве инженера Платонова. А как господин Кругликов вы должны чистосердечно рассказать, что вы сделали с несчастной Настасьей Петровной Коровиной. Что натворили как Чемизов — того не знаю, а в этом уж удовлетворите. Если не желаете, то мой помощник сходит за полицией.

В дверь постучались. Чемизов вздрогнул.

— Не бойтесь! Это — только мой приятель, — сказал Патмосов. — Впусти, Алехин.

Вошел коридорный и подал счет.

— Хорошо, милый человек, — властно распорядился Патмосов, — положи и оставь нас.

Человек с удивлением посмотрел на Чемизова, потом на Патмосова, поклонился и вышел. Почти следом за ним в номер вошел Пафнутьев.

— Запирай двери! — сказал опять Борис Романович, и Алехин повернул ключ в замке. — Ну что, как? — спросил Патмосов Пафнутьева, который с любопытством глядел на Чемизова, тщетно старавшегося сохранить спокойствие и походившего на загнанного зверя.

— Все, кажется, благополучно: перевезли, положили, и она спит прекрасным сном. Говорил по телефону с Переверзевым; он сказал, что в шесть часов приедет.

— Отлично! — Борис Романович снова обратился к преступнику: — Так вот, господин Платонов, Чемизов или Кругликов, теперь у госпожи Дьяковой будет доктор Переверзев, специалист по гипнозу. Он узнает всю историю. А вслед за этим уже в Петербурге, в камере следователя, вы расскажете историю госпожи Коровиной. Хотите вы сейчас отдать нам дарственную запись и те деньги, которые успели выманить?

— Не будет ли это много? А что вы мне дадите за это?

— Вам? Ничего, кроме некоторых удобств по доставке в Петербург.

В дверь снова постучались.

— Это — Сергей Филиппович!

— Впусти! — приказал Патмосов. — Одним свидетелем больше.

Алехин опять открыл дверь, и в комнату вошел Прохоров.

— Кажется, все хорошо? — спросил он, всматриваясь в Чемизова.

— Победили, — сказал последний с усмешкой. — Только вряд ли эти остатки будут вам приятны.

Сергей Филиппович рванулся к нему, но Патмосов удержал его жестом. Прохоров отвернулся и сел.

— Ну, так что вы ответите? — обратился Борис Романович к Чемизову.

Тот молчал, потом поднял голову, насмешка скользнула по его губам, и он сказал:

— Если вы найдете возможным, то я предложу вам некоторые условия. Я передам вам деньги, но не все, и квитанции на вещи. Из взятых у этой дуры я вам отдам десять тысяч. Больше не могу.

— Положим, — усмехнулся Патмосов.

— Затем я вам расскажу, что произошло с Коровиной.

— Ну, это узнает следователь, так что для нас это вопрос времени только.

— Для вас — может быть, но я знаю, что в Петербург приехал Семечкин и для него будет иметь громадный интерес мое сообщение.

Патмосов пытливо взглянул на Чемизова.

— Для чего ему знать? Ему хотелось найти убийцу, а знать горькую участь любимой женщины — только лишнее горе.

— Как знаете! А что, если возможно найти ее, если она не убита? — сказал Чемизов.

— Этого не может быть, она убита и изрезана! — невольно воскликнул Пафнутьев.

— Новый фокус, — сказал Прохоров, а Патмосов с удивлением и заинтересованно смотрел на Чемизова.

Тот не обратил внимания на реплики и снова обратился к Борису Романовичу:

— Так вот, если я не только докажу вам, что она жива, но и дам возможность найти ее, согласитесь ли вы тогда отпустить меня? Могу уверить вас, что я не кровожадный убийца, на моих руках нет крови! — и он протянул белые, холеные руки.

Прохоров с отвращением отвернулся от него. Патмосов согласно кивнул головой.

— Да! — повторил Чемизов. — Нет крови! Я — не такой дурак, чтобы заниматься убийством. Природа наградила меня даром, и я пользовался им по мере сил. Госпожа Коровина так же жива, как и мы с вами и та дуреха. Так вот, я предлагаю — отпустите меня. Все, что возможно, я отдам вам и уеду...

— Чтобы продолжать ту же работу? — продолжал Патмосов.

— Нет, господин... не имею удовольствия вас знать... вероятно, агент.

— Допустим.

— Так вот, господин агент, я хотел бы устроить себе спокойную жизнь.

— Ну, ну! — Патмосов засмеялся. — Я — не мальчик, чтобы верить вашим обещаниям. Но... о вашем предложении можно подумать.

— Должно, потому что, если я не пожелаю сказать, где находится Коровина, вы не найдете ее, а доказать, что я - убийца, вы никогда не сможете.

Пафнутьев и Прохоров обступили Патмосова. Сергей Филиппович шепотом сказал:

— Я думаю, на это можно согласиться. Подумайте, как обрадуется Семечкин, когда найдет ее.

— Кажется, он говорит правду, — говорил Пафнутьев. — Елену Семеновну он обирал, пользуясь гипнозом. Вероятно, и с Коровиной сделал то же самое и бросил ее.

— Задача! — задумался Патмосов. — Ну, хорошо! — Он обернулся к Чемизову: — Хорошо, господин Платонов, Чемизов или Кругликов. Мы, согласны, но на некоторых условиях. Прежде всего вы сейчас выдадите все награбленное.

— Я отдам, что обещал: квитанции и девятнадцать тысяч.

— Нет! — Патмосов поднял руку. — Мы произведем осмотр ваших вещей.

— Никогда!

— Ну, тогда простите, — Патмосов резко встал с кресла. — Алехин, нажми кнопку!

— Погодите! — бледнея, остановил его Чемизов. — Я согласен. Но отпустите меня немедля.

— Невозможно! Все ваши слова потребуют проверки.

— Какой еще?

— Вы укажете нам, где находится Коровина. Мы наведем справку, найдем ее и тогда отпустим вас.

— Сколько же это потребует времени?

— Времени? Да смотря по тому, где она находится.

— Под Петербургом.

— Тогда ровно сутки.

— А в эти сутки?

— Мы будем вас стеречь. — Патмосов засмеялся. — Это не так трудно. Мы переедем с вами в меблированные комнаты "Китай-города", и там вы проживете эти сутки вот с господином Алехиным и его. приятелем. Проживете безвыходно. Вам все подадут, от вас все примут.

Чемизов задумался.

— И потом вы меня отпустите?

— На все четыре стороны, — повторил Патмосов. — Понятно, приятнее, если вы уедете куда-либо подальше.

— Это — уже мое дело.

— Допустим, допустим! Но каждая следующая проделка навлечет за собой воспоминание и об этих.

— Когда поймаете, — Чемизов нагло усмехнулся. — Ну, что же, я согласен!

— Извольте сказать тогда адрес Коровиной.

— Город Луга, Покровское шоссе, дом вдовы Беликовой. Там снимает комнату со столом вдова коллежского советника Александра Кирилловна Подберезина. Она и есть Коровина.

Патмосов кивнул.

— Так же, как госпожа Дьякова стала Томилиной?

— Точь-в-точь.

— Отлично! Теперь позвольте посмотреть ваши вещи. Константин Иванович, открой чемодан!

Алехин поспешно открыл чемодан и стал опоражнивать его: платье, белье, коробка с гримом, парики, несессер, портфель и несколько футляров.

— Вот эти футлярчики отберем, — сказал Патмосов и обратился к Алехину: — Отложи их в сторону!

Лицо Чемизова передернулось.

— И портфель тоже. Раскрой его!

— Заперт.

— Вы дадите нам ключ? — сказал Патмосов Чемизову. — Или так, ножиком?

Преступник молча снял с часовой цепочки ключ и передал его Алехину. Щелкнул замок. Алехин протянул портфель Борису Романовичу.

— Господа, смотрите, — сказал тот. — Э, государь мой, целая фабрика! — и он вынул несколько паспортов. И на мужчин, и на женщин. — Так! Это отложим, — сказал Патмосов, с насмешкой обращаясь к Чемизову. — Или, может быть, вы выберете какой-нибудь для себя?

— Нет, — отказался Чемизов. — Я уеду с паспортом инженера Платонова.

— Так, — Патмосов засмеялся. — Ловкий вы господин! А, это — дарственная. Отложим. Ого! Да у вас еще есть дареного.

— Это — уже мое дело, — быстро вмешался Чемизов. — Вы видите, здесь госпожа Дьякова ни при чем.

Патмосов внимательно прочел бумагу и покачал головою.

— Да, господин, вы — вредный человек, и, кажется, мы делаем преступление, отпуская вас.

— Вы обещали, — напомнил Чемизов.

— Бог с вами! — ответил Патмосов. — Но даю вам слово, что ровно через месяц после вашего отъезда я начну погоню за вами.

— Хорошо, поиграем!

— Это будет серьезная игра, — тихо промолвил Патмосов и стал снова вынимать бумаги из портфеля. — Ну, это — ломбардные квитанции. Все в сторону. А, это — чековая книжка! Так. Ого! Вы награбили достаточно денег. Сергей Филиппович, — обратился он к Прохорову, — как вы думаете, сколько этот господин мог выманить у Дьяковой денег?

— Не имею понятия. Я знаю, что у нее лежали деньги в

112

банке; знаю, что перед отъездом она сняла их, но сколько — мне неизвестно.

— Вероятно, Елена Семеновна сегодня придет в себя и все расскажет, — предположил Пафнутьев.

— Совершенно верно, — согласился Патмосов и обратился к Чемизову: — Вы должны будете вернуть ей все деньги. У вас здесь девяносто тысяч. Это недурно. — Патмосов отложил книжку в сторону и поднялся. — Ну, расплатитесь по счету, и едем, — сказал он. — Алехин, возьми автомобиль. Мы довезем господина инженера честь честью. Позвони еще Дубовскому; пусть приедет в "Китай-город" и будет тебе помощником.

— Слушаю! — и Алехин вышел.

— Брр... сколько злого на свете, сколько грязи! Эх, господин, господин! — покачав головою, воскликнул Борис Романович. — Человек вы, видимо, со способностями, одаренный, и пустились на такое черное, грязное дело.

Чемизов криво усмехнулся.

— Что кому, господин хороший, — ответил он, — не знаю, как вас величать; по сыскной части служить тоже благородства немного.

— Лжешь! — вспыхнул Патмосов. — Я ловлю мерзавцев, обезоруживаю разбойников, обезвреживаю негодяев, я - защитник общества!

Вошел коридорный.

— Возьмите деньги по счету, — небрежно сказал Чемизов, — а это — на чай, — и он протянул десять рублей.

Вернулся Алехин.

— Все готово.

— Идемте, — сказал Патмосов Чемизову. — Чемодан понесет Алехин.

Константин Иванович подхватил чемодан. Чемизов шел между Пафнутьевым и Патмосовым. Прохоров — впереди, Алехин замыкал шествие.

Хитрый старикашка Колчин был обрадован, когда к нему вернулся богатый жилец вместе с инженером.

— Комната еще свободна? — спросил его Патмосов.

— Обе свободны, — ответил Колчин, пытливо смотря на Чемизова.

— Дайте ту, которую мы занимали.

Колчин повел их по полутемному коридору. Они вошли в комнату, и Патмосов объявил преступнику:

— Вот ваше временное жилище, вот ваш временный компаньон. Ты, Алехин, не спускай глаз. Дубовский скоро будет?

— Сказал — через час.

— Ну, помни: если ты спишь — Дубовский не смеет спать, если спит Дубовский — ты должен быть настороже. Дверь держать запертой, глаз с него не спускать. Ты отвечаешь.

Он оставил комнату и сел в автомобиль, где его ждал Семен Сергеевич. Когда автомобиль понесся, Патмосов сказал своему молодому помощнику:

— С севастопольским поездом поедешь в Петербург, там возьмешь с собою Семечкина, и оба поедете в Лугу. Если эта Подберезина действительно окажется Коровиной, ты пришлешь мне телеграмму, и я этого мерзавца отпущу.

— Хорошо, — сказал Пафнутьев и тут же воскликнул: — Борис Романович, кто же тогда убит?

— Разыщу. Теперь это — дело чести... для Чухарева... Я уже был на следу, да меня сбил этот Чемизов. Нет худа без добра. Ну, приехали!

Автомобиль остановился. Патмосов с Пафнутьевым расплатились и поднялись в номер Семена Сергеевича, где тот дожидался их.

— Пообедаем, — сказал Патмосов весело, потирая руки, — а к тому времени, как мы окончим, приедет почтенный Переверзев.

XXIII

ВОСКРЕСЕНИЕ

Дьякова спала глубоким, болезненным сном, похожим на обморок. Доктор Переверзев в сопровождении Патмосова и Прохорова осторожно вошел в комнату и сказал спутникам:

— Сидите смирно! Сейчас я приведу ее в чувство.

Через несколько минут действительно раздался голос за альковом:

— Вы слышите меня, Елена Семеновна?

— Да, — ответил тихий голос.

— Вы не забыли, что я вам сказал?

— Забыла.

— Вы — Елена Семеновна Дьякова, приехали из Петербурга; с вами приехал Чемизов. Вы должны вспомнить все, что он сделал с вами. Вы слушаете?

— Да.

— Проснитесь!

Послышался протяжный вздох, а потом тихий, испуганный голос:

— Где я?

— Вы сейчас находитесь в "Большой Московской" гостинице, вас хотели ограбить, но друзья приняли в вас участие и спасли. Я — доктор Переверзев.

— А кто — другие?

Прохоров громко сказал:

— Я, Елена Семеновна!

— Вы? — удивленно воскликнула Дьякова, и Сергей Филиппович узнал знакомые интонации.

— Приехал в Москву по делам, а с вами встретился случайно. Нашел, где вы остановились; вы были больны, и я со своим другом привез вас сюда.

— Ах, я хочу непременно видеть вас! Подождите минутку. Доктор, я могу встать?

— Пожалуйста, — сказал доктор. — Я приглашу девушку, которая поможет вам одеться. Мы выйдем.

— Я сейчас, можете через пятнадцать минут вернуться, — сказала Дьякова.

В коридоре Прохоров в волнении прислонился к стене. Патмосов ласково положил на его плечо руку. Пафнутьев широко улыбнулся:

— Ну, Сергей Филиппович, все кончилось! Теперь Елена Семеновна воскрешена и вполне избавлена от страшных чар.

— Да, я уверен, что это кончится. Как только она поправится, вы немедленно увезите ее куда-нибудь подальше, — посоветовал доктор.

— В Крым?

— Хорошо и в Крым; там теперь прекрасно. А потом она свободно может вернуться назад, хотя лучше устранить от нее все, что напоминает того негодяя.

Через несколько минут дверь приоткрылась, и Дьякова крикнула:

— Войдите!

Сергей Филиппович увидел прежнюю Елену Семеновну, только лицо ее было бледнее, чем обычно, и глаза потускнели. Она радушно улыбнулась ему и протянула руку:

— Здравствуйте, Сергей Филиппович. Я очень-очень рада видеть вас. Садитесь! А это — ваши друзья?

— Да; они помогли мне спасти вас, — взволнованно сказал

Прохоров, целуя ее руку. — Борис Романович Патмосов и Семен Сергеевич Пафнутьев.

— Господа, садитесь. Чем угощать?

Доктор сказал:

— Нам — кофе, вам — обед.

— Кофе, обед? Прекрасно! Позвоните, Сергей Филиппович!

Прохоров сиял. Дьякова была прежняя — та, какую он знал и любил.

Официант подал требуемое. Молодая женщина разлила кофе.

— Да, — говорила она, — со мною было что-то неладное. Мне трудно вспомнить, но, очевидно, я была больна.

Прохоров смущенно молчал. Доктор пришел на выручку:

— Вы имели несчастье встретиться с Чемизовым и от этого пострадали.

Лицо Дьяковой залилось густой краскою. Она закрыла лицо рукою, потом отняла руку и с испуганным лицом воскликнула:

— Да, да! Теперь я вспомнила. Это — ужасный человек!

— Что он делал с вами? — робко поинтересовался Прохоров.

— Он? Я не знаю, — она покачала головой, — но, когда он приходил и начинал смотреть на меня, какая-то сила сковывала мои члены. Мне казалось, что я уношусь куда-то далеко-далеко, а потом раздавались откуда-то голоса, и когда я снова приходила в себя, то мне было ужасно тяжко. Что-то давило меня, какая-то чужая воля заставляла меня совершить то одно, то другое.

— Простите, Елена Семеновна! — вмешался в разговор Патмосов. — Меня интересует существенная сторона дела. Сколько вы взяли своих денег из банка, когда уезжали из Петербурга?

— Тридцать пять тысяч. А что?

— Сколько у вас осталось?

— Я оставила себе пять тысяч. Остальные отдала ему.

— Так. И взяли с собой все драгоценности?

— Да.

— Что у вас от них осталось?

— Я не знаю; надо посмотреть.

— Вы сделаете мне большое одолжение, если произведете эту проверку.

— Я ничего не понимаю. Что случилось?

— То, что вы оказались во власти мошенника и негодяя, — разгорячился Прохоров. — Помните вечер у Горянина? Там этот Чемизов в первый раз показал свое страшное искусство, а потом применил его к вам. Когда мы подстерегли его, он усыпил вас и заставил дать ему дарственную на ваше имение. Счастье, что я случайно встретил его здесь и вызвал Бориса Романовича.

Дьякова широко раскрыла глаза, и ее лицо побледнело.

— Да, да! Я теперь вспоминаю... Едва мы уехали из Петербурга, как я перестала быть самой собой, стала автоматом. Мне всегда казалось, что я живу в полусне. Я ожидала Григория Владимировича, но, когда он приходил, чувствовала не радость, а какой-то странный испуг. О да, да! Теперь я знаю... Как я вам благодарна, дорогой Сергей Филиппович! Вы меня спасли!

Прохоров поцеловал ее руку и поспешно отошел в сторону, потому что не мог скрыть волнение.

Дьякова обратилась к Переверзеву:

— Доктор, скажите: это очень опасно для моего здоровья?

— Пустяки, — успокоил он, поправляя очки. — Вам необходимо теперь отдохнуть, развлечься, а затем вы совершенно освободитесь от его влияния. Понятно, сейчас нервы у вас расстроены. Я пропишу вам бром.

— А я попрошу вас, Елена Семеновна, — сказал Патмосов, вставая, — чтобы вы к завтрашнему дню привели свои дела в порядок и сообщили мне. Нет ли у вас каких-нибудь поручений в Петербург?

— А что?

— Мой друг Семен Сергеевич Пафнутьев едет туда сегодня.

Дьякова покраснела.

— Сергей Филиппович, — громко сказала она. Прохоров быстро обернулся. — Доктор советует мне уехать и рассеяться. Может быть, вы согласитесь сопровождать меня?

— Мы поедем в Крым, — предложил Прохоров, и его лицо осветилось.

— В Крым, в Крым! Если вы будете добры, — обратилась Елена Семеновна к Пафнутьеву, — то посетите Горяниных и сообщите им, что мы, я и Сергей Филиппович, едем в Крым.

Прохоров взял руку Дьяковой и приник к ней губами. Патмосов переглянулся с доктором и Пафнутьевым. Они встали и, простившись с Дьяковой, перешли в номер Пафнутьева.

— Кажется, нам там делать нечего, — с улыбкою сказал доктор.

— Да. Это — последняя глава романа, — констатировал

117

Борис Романович. — Ну, пропишите рецепт. Но, мне кажется, она успокоится и без брома.

— Все сделали? — обратился Борис Романович к будущему зятю. — Собирайся, дружок, и кати в Питер. Завтра утром ты будешь уже там, в десять часов можешь будить Семечкина. Варшавский поезд, кажется, в двенадцать. Сейчас поедете в Лугу, в четыре часа будете там, в шесть ты будешь уже знать все, и в семь часов завтра я должен иметь от тебя телеграмму. Понял?

— Слушаю, — сказал Пафнутьев. — А к Кате заехать можно?

— Это уже после, когда пошлешь мне телеграмму и все сделаешь.

— А ты скоро?

— Не знаю. Меня не ждите. Я отсюда уеду, но не в Петербург.

— Искать поедешь?

— Может быть, ты и угадал.

XXIV

ОДНО ДЕЛО КОНЧЕНО

На другой день Прохоров пригласил Патмосова к Елене Семеновне, чтобы получить обещанный ею список вещей.

Дьякова встретила их радостным приветствием.

— Рушатся страшные чары Чемизова. Вот! — она протянула лист бумаги, исписанной мелким почерком. — Тридцать тысяч рублей и эти вещи.

— Отлично, — сказал Патмосов, пряча бумагу в карман. — Сегодня я буду иметь с ним объяснение.

— Когда вы должны получить телеграмму? — спросил Прохоров.

— Полагаю — часов в семь или восемь.

— И тогда?

— Я отпущу его на все четыре стороны и сам тотчас уеду.

— А мы завтра с севастопольским, — улыбаясь, сказал Прохоров.

— Счастливого вам пути! — простился Патмосов и поехал в "Китай-город".

Чемизов мрачный и угрюмый лежал на диване и при входе Патмосова даже не приподнялся, а прямо спросил:

— Ну, когда я буду выпущен?

— Если вы не наврали, то, вероятно, сегодня вечером. А теперь займемся делом. Оказывается, с вас причитается шестьдесят тысяч рублей. Потрудитесь вернуть их.

— Девятнадцать тысяч, как мы условились, — и Чемизов быстро сел на диване.

— Не согласен! Шестьдесят тысяч, и ни гроша меньше. У вас на текущем счету девяносто пять тысяч; из них тридцать тысяч Коровиной и тридцать Дьяковой, остальные вы где-нибудь наворовали, часть же, вероятно, получили за заложенные вещи.

— Это вас не касается.

— Меня касаются только шестьдесят тысяч. Вы должны отдать их. Не хотите — ваше дело. Местопребывание Коровиной известно, тайны у вас нет никакой, и в случае вашего несогласия я сейчас же позову полицию, вас препроводят в участок, а оттуда обычным порядком — в Петербург.

— Это будет подлостью.

— Подлостью? — Патмосов покачал головою. — Ну, такие люди, как вы, никогда не должны произносить это слово... ни слово "честность", ни слово "подлость". Итак, шестьдесят тысяч — вот мое решение. А сейчас отберемте с вами квитанции и вещи. — Патмосов стал читать список вещей Дьяковой, отбирая квитанции, и, захватив три футляра, заметил: — Странное дело! Сколько у вас еще вещей незаложенных. Откуда они?

— Это — мое дело.

— Верно, верно! Ну, так я беру эти три вещи, эти квитанции, дарственную, а затем попрошу вас написать чек на шестьдесят тысяч рублей. Именной чек напишите: "Борису Романовичу Патмосову".

— Повторяю вам, это насилие и подлость — пользоваться моим положением, — злобно сказал Чемизов, однако, обмакнув перо, подписал чек. Лицо его потемнело. — Вы сами толкаете меня на преступление!

— Ну, я уже говорил вам, что через месяц начну ловить вас, так что преступления для вас небезопасны.

— Еще посмотрим, кто кого? — глухо проговорил Чемизов, отрывая чек и кидая его Патмосову.

— Превосходно! Я съезжу и возьму деньги. Алехин, береги его! — и Борис Романович вышел, причем за ним тотчас же щелкнул замок.

Он получил деньги в Купеческом банке и вернулся в "Большую Московскую" гостиницу. В ожидании он улегся на диван, и скоро комнату огласил раскатистый храп.

Уже спустились сумерки и было темно" когда в дверь постучали: "Телеграмма!" Патмосов быстро встал, зажег свет, взял телеграмму, развернул ее и радостно улыбнулся. Он тотчас спустился к Дьяковой и постучался в ее номер.

— Войдите, — послышался голос Прохорова.

— Сказал правду! — Борис Романович размахивал телеграммой. — Вот! Пафнутьев пишет: "Приехали нашли совсем больная". Значит, негодяй ограбил эту несчастную, одурманил ее и бросил.

— И вы едете?

— Да, дело мое тут кончено. Вечером еду. А теперь вот, — обратился Патмосов к Дьяковой, — я привез вам ваши тридцать тысяч рублей.

— Как? — воскликнула Дьякова, вспыхнув.

— Этот негодяй упрямился, ну, да со мной шутки плохи. Извольте получить! — Патмосов опустил руку в глубокий боковой карман. — Вот это — ваши квитанции. Хотите — выкупите, хотите — бросьте. А денежки и вещи сейчас передам. — Он поднялся к себе в номер и скоро вернулся с саквояжем. — Все кредитными билетами. Извольте считать: шесть пачек по пяти тысяч рублей. А это — вещи. Только три...

— Ой, сколько денег! Что нам с ними делать? — воскликнула Дьякова.

— Завтра поедем, и ты положишь их снова на текущий счет, — сказал Прохоров.

Елена Семеновна отодвинула деньги и со смущенной улыбкою обратилась к Патмосову:

— Уважаемый Борис Романович. Мне неловко говорить, но, по-моему, всякий труд должен быть оплачен.

— Совершенно верно, — подхватил Прохоров. — И ничего тут нет неловкого. Борис Романович, сколько прикажете вам заплатить?

— Сколько дадите, столько и ладно, — просто ответил он.

— Я предложу вам десять процентов. Три тысячи.

Дьякова взяла пачку билетов, отделила шесть и передала их Патмосову.

— Глубоко благодарен, — сказал тот, пожимая ее руку, а потом пожал руку Прохорова. — Ну, теперь я еду отпустить этого мерзавца, а затем сейчас же на поезд. Всего вам хорошего, как говорится, мир и любовь!

Прохоров горячо поцеловал его.

— Мы вас приглашаем заранее на свадьбу.

— Буду рад, — засмеялся Патмосов. Вернувшись в "Китай-город", он сказал Чемизову:

— Можете ехать на все четыре стороны. Алехин и Дубовский, вы свободны!

С этими словами он повернулся и вышел из комнаты.

— Ну, кончили это поганое дело, — сказал Патмосов своим помощникам. — Спасибо вам, господа. — Он вынул сто рублей. — Вот ваша плата. Не поминайте лихом!

В тот же вечер Борис Романович сел в поезд, направлявшийся в Минск.

XXV

ВЕЩИ ПО ДВАДЦАТИ КОПЕЕК

Станислав Казимирович Личинский в большом полутемном магазине выписывал за конторкой счета, когда дверь отворилась и в магазин вошел улыбающийся Патмосов.

— Можно ли мне видеть Станислава Казимировича Личинского? — спросил он, снимая шляпу.

— А то я! — отозвался Личинский, отложил перо и вышел из-за конторки.

Это был огромный мужчина с красным лицом и черными длинными усами. Его голубые вытаращенные глаза смотрели уверенно и губы улыбались, открывая беззубый рот.

— А то я! — повторил он. — Что пану потшеба?

— А я — Иван Кузьмич Овсюхин, купец из Петербурга, — ответил Патмосов. — Мне про вас сказывал Франц Феликсович Поплавский.

— Франек! Будем знакомы! Франек — мой друг, настоящий друг. Что пан потшебуе?

— А хочу в Петербурге открыть магазинчик. Так он меня и направил к вам по части товара.

— О-о! Это я могу. Отлично помогу вам. Пшепрашам пана, я зараз освобожусь. Казя, коли кто придет, так скажи, что я у Янковского. Отправки сделайте, упакуйте как следует — и наложенным платежом. Ну, я пошел. Дай мне шляпу, пальто, палку! Ну, живо!

121

Рослый детина выскочил из другой комнаты, торопливо принес хозяину вещи и помог ему одеться.

— Пойдем, пан. Здесь есть добрый ресторан Янковского. Мы там за чаркой и поговорим, а то насухую не люблю разговаривать, — Личинский засмеялся, и они. вышли вместе на Немецкую улицу. — Здесь, в Вильне, — сказал Личинский, — у меня у одного такой магазин. Больше ни у кого нет! Я торгую не только на губернию, а на всю Россию. Вот! Я пана всему научу и отпущу ему наилучший товар.

Они вошли в небольшой чистый ресторан. Рыжий поляк, стоявший за стойкой, дружески закивал Личинскому.

Тот подал ему руку и сказал:

— Будем угощать пана из Петербурга. Дай нам старой вудки и настоящих колдунов. Ну, пан, присаживайтесь, будем разговаривать.

Патмосов сел к столу, Личинский опустился против него, и Борис Романович стал рассказывать ему о том, что хочет открыть в Петербурге магазин с продажею вещей по двадцати копеек каждая, а для такого магазина надо сделать набор всякого товара.

— Хороший магазин, — оценил Личинский. — Универсальный! Ха-ха-ха! И запонки, и игрушки, и китайская ваза, и все по двадцати копеек! Покупай, денег не жалко. — Он громко рассмеялся. — Я сам торгую больше по объявлению. У меня все есть, а как подходит Рождество, так я на всю Россию торгую: убранство для елок от трех рублей до семидесяти пяти! Кто бы подумал, из Сибири выписывают. Да! Разные часы, разные такие шахер-махерства, пустяки — все выписывают. Сочинил я раз очки, в которые видно то, что за сто верст, — и те покупали! Народ дурак. Магазин с каждой вещью по двадцати копеек — очень хороший магазин. Я пану покажу весь товар. Теперь уже темно у меня в магазине. Завтра придете, я вам все покажу...

Патмосов с трудом перебил его:

— Брахман вам кланяется, с женой своей.

— О то Брахман! Хорошо тоже торгует! Часовой магазин открыл, а раньше только починкой занимался. Это как швейцарские часы в Берлине по два целковых появились, а он их по четыре; на том и нажился. Мы с ним большие друзья. Хороший человек!

— Он мне про вас много рассказывал; сообщил, между прочим, о том, как вам тут посылочку прислали. Ха-ха-ха!

— О, черт бы побрал их! — Личинский ударил кулаком по

столу. — Жить буду, никогда не забуду. Такая пакость случилась, что вы себе и представить не можете!

— А что за штука? — спросил Патмосов. — Правда, женская голова и мясо?

— Ну да! Вот пан Янковский знает, — и он указал на буфетчика; тот лукаво улыбнулся. — Приносит ко мне повестку с вокзала сторож и говорит: "Пожалуйте, вам посылка". Прихожу я на вокзал, а там картонка такая — я такие картонки из Лодзи получаю, — а подле картонки и начальник станции, и жандармский офицер, и унтер-офицер, и господин в штатском. И все кричат мне: "Пожалуйте! Что это вам за посылка?" Я смотрю и читаю: "Вильно. Станиславу Личинскому, Немецкая ул., 68". Говорю: "Мне, надо быть, из Лодзи товар". — "Будьте добры, вскройте". Подхожу я к картонке и слышу — дух из нее странный. Как раскрыл ее... Пан Йезус Христус! Что это? Голова изрезанная и какое-то мясо нарубленное. Я думал — упаду! А они говорят: "Позвольте узнать, от кого?" Да я почем знаю? Уж меня после таскали-таскали! А посылку в Петербург отправили.

— А вы не знаете, от кого посылка?

— Да убей меня гром! Как я могу знать, какой мерзавец мне это послал? Я после говорю Плинтусу: "Ты это сделал, такой-сякой" — а он божится: "Стану я это делать". Жена его даже побледнела от страха и вся так и затряслась. А мне горе одно.

— А кто этот Плинтус? Может быть, шутник?

— Какой шутник! — Личинский махнул рукой. — Плинтус, Генрих Брониславович. У него в Лодзи универсальный магазин, а из этого магазина я беру весь товар. Смотрю, коробка как будто от него, ну, и подумал сначала: "Товар от Плинтуса". А разве станет он такую мерзость посылать? Тьфу! Даже вудку испортил. Пей, пан, за твое здоровье!

Патмосов выпил крепкой старой водки, и затем они стали закусывать горячими колдунами.

— Я пану весь товар предоставлю и магазин научу, как открыть, — продолжал говорить добродушный Личинский, после того как они выпили целый графин старой водки.

Борис Романович распрощался с ним и пошел к себе в гостиницу, а Личинский поплелся в свой магазин.

Придя в свой номер, Патмосов зажег свет, присел к столу, вынул записную тетрадь и стал делать в ней отметки. По его лицу пробежала улыбка. Он был доволен. На следующее утро Борис Романович еще спал, когда к нему постучались и за дверью послышался голос Личинского:

— Пан спит еще? Вставай!

123

Патмосов открыл дверь.

— Вот те и купец! — смеясь, сказал Личинский, вваливаясь в комнату. — Десять часов, а он спит. Этак, пан, проторгуешься скоро. А я образцы товара принес; после пойдем ко мне смотреть.

— Ну, пока что надо чаю напиться и закусить.

— О то добре! — воскликнул Личинский, видимо готовый во всякое время и попить, и поесть.

Патмосов позвонил коридорным и заказал обильный завтрак. Появились на столе старая водка, венгерское и коньяк.

Личинский пил, ел и без умолку говорил о своих делах.

— Генрих Брониславович, — сказал он и прищурился, — вот ловкий малец! Он в Лодзи имеет самый универсальный магазин! У него и манто, и шубы, и отрезки сукна для костюма, и мерлушковая шапка, и музыка, и граммофон, а теперь кинематографами торгует домашними. Он всем торгует. Как вы читаете объявление: "Лодзь, универсальный магазин", то это — Плинтус. Я от него весь товар имею, а потом уже продаю. Без Плинтуса было бы плохо. Славный парень!

— Один?

— Кабы один! У него жена Стефания, бой-баба, ух какая! Совсем они были бы друг другу пара, если бы она не была ревнива, как черт. Вот из-за того у них всегда перепалка. Я пану так расскажу: была у них кассиршей Берта Шварцман, красивая такая девица, кровь с молоком, глаза черные, высокая, стройная. Ну, Генрих за ней и приударил. Стефания так и рвала, так и рвала. Жить не давала Берточке. Я говорю: "Берта Эдуардовна, идите ко мне на службу", — а она плачет. "Нет, — говорит, — не могу его оставить". А Генрих ходит мрачный такой. Я говорю: "Что ты такой?" — "Заела меня жена моя". А он Берту-то любил. Так все ж Стефания ее сплавила, вот какая! Уехала это с нею товар продавать, а вернулась без нее. Генрих потом сам не свой был, метался: куда делась Берта? А она с паспортом так и пропала. Стефания очень смеялась: "Ищи ее, — говорит, — она на нас плюнула, на другое место пошла". Генрих Брониславович три месяца ходил, руки опустив; после оправился. Теперь уж на стороне завел; оно и весело. Ну, однако, пан, пойдем товар смотреть.

Патмосов встал.

— Смотреть — так смотреть, — сказал он. — Пойдем!

Он пошел вместе с Личинским в его магазин и долго осматривал его товар, спорил, оценивал, торговал и наконец отобрал кучу.

— Вы мне, пан Личинский, после пришлете счет и марки

приклеете; мы с вами дело и сделаем. А сегодня проведем время вместе, — сказал он, хлопая Личинского по плечу.

— О то люблю! Мы с вами пообедаем, после обеда в театр, из театра в клуб поедем, а в клубе пульку преферанса сыграем и поужинаем. Я тут только немного распоряжусь и сейчас с вами.

Личинский стал распоряжаться в своем магазине.

Патмосов, делая вид, что интересуется его торговлей, между тем наблюдал за всеми.

Кончив дела, Личинский сосчитал и уложил деньги в толстый бумажник, застегнул пиджак, оделся и взял Патмосова под руку.

— Я, пан, сначала босиком бегал, газеты продавал, а потом понемногу-понемногу расторговался и вот теперь целый магазин имею и живу слава Богу. Только жениться не хочу. А ну ее ко псам, женку эту! Попадется такая же, как Стефания, так она тебе жизнь заест, как ржа — железо. А тут я — вольный казак.

Они вошли в ресторан, и Станислав Казимирович стал распоряжаться.

На другой день Личинский до вечера прождал своего покупателя, а потом пошел в гостиницу и с удивлением узнал, что купец Овсюхин уехал.

— О то лайдак! — выругался Личинский. — И на кой бес он меня морочил!...

А Патмосов уже ехал в Лодзь.

XXVI

ЧЕТА ПЛИНТУС

Генрих Брониславович Плинтус был красивый мужчина, лет сорока. Его бритое лицо с большими глазами выражало самодовольство. Золотое пенсне сидело на большом, горбатом носу, сочные губы всегда улыбались, открывая белые крепкие зубы. Он был всегда весел, оживлен, разговорчив, и женщины невольно тянулись к нему. Его жена, Стефания Фадеевна, несмотря на то что была замужем уже пятнадцать лет, была влюблена в своего мужа.

Худощавая, как палка, с острыми плечами, таким же носом и тонкими губами, она следила за ним повсюду ревнивым

125

взглядом, и бедный Генрих Брониславович тотчас же смущенно смолкал, едва она вставляла какое-нибудь язвительное замечание. Он панически боялся жены, и в сущности на свете было два Генриха Брониславовича: один — дома, подле Стефании со своими детьми, другой — на свободе, в обществе своих приятелей. Плинтус имел в Лодзи большой универсальный магазин, представлявший скорее складочное место, нежели магазин. Главная торговля у него велась оптом с другими магазинами и по объявлениям, которые он печатал во всех газетах. Покупал он по случаю сукно, и тотчас появлялось объявление, что за баснословно дешевую цену можно иметь отрезок великолепного трико для пиджачного костюма. Доводилось ему в таможне купить партию конфискованных или невостребованных часов — и объявление гласило о часах, которые лучше золотых, а ценою всего два рубля штука. Со всех концов России к нему поступали заказы, и он не успевал распродать партию товара, как требовались уже новые закупки. Плинтус был ловкий и оборотистый торговец, и дело у него всегда кипело. С самого раннего утра он уже находился в магазине. Его жена Стефания сидела за конторкой, вела счета, выписывала накладные и ходила сама на почту за получением наложенного платежа. Плинтус приобретал товар и торговался с покупателями, а трое шустрых мальчишек метались по магазину, исполняя его приказания; за кассой сидела девушка, и все эти люди составляли энергичную торговую семью и оплетали паутиной доверчивого обывателя.

Было уже два часа дня, когда к ним в магазин вошел Патмосов.

— Могу я видеть Генриха Брониславовича Плинтуса?

— Я к вашим услугам, — Плинтус приподнялся со стула у конторки. — Чем могу служить?

— Мне нужно бы повидать Берту Эдуардовну Шварцман, — сказал Патмосов. — Она у вас служит, кажется, в качестве кассирши?

Словно бомба разорвалась в магазине. Генрих Брониславович отшатнулся и поднял руки, Стефания Казимировна вышла из-за конторки.

— Не могу ничем помочь вам, — ответил Плинтус. — Она была у меня и служила очень исправно, но уже месяца три, как она уехала.

— Вам для чего знать про эту девицу? — резко спросила Стефания.

— Я ее родственник, и мне очень хотелось бы ее найти.

— Родственник? Ха-ха! Не поздравляю вас с такой

126

родственницей! — засмеялась Стефания. — Мы о ней сейчас ничего не знаем; пока она служила у нас, вела себя легкомысленно и потом ушла от нас, не сказав даже "спасибо".

— Она ушла прямо отсюда? — спросил Борис Романович.

— Уехала с ней, — ответил Плинтус, указывая на жену.

— Я тут ни при чем, — отрезала Стефания. — Мне по делам надо было ехать, а она отправилась а, мной, чтобы помогать в торговле, и по дороге оставила меня.

— А в каком городе, мадам?

— В Петербурге оставила. Мы теперь о ней ничего не знаем, и очень жалко, что вы к нам обратились. Мы — не справочная контора, — и Стефания, поджав губы, ушла за конторку и погрузилась в свое писание.

Плинтус смущенно поправил на носу пенсне, закурил папиросу и вполголоса сказал:

— Пропала... Я... мы ею очень дорожили. Прекрасная была служащая и ушла, оставила...

В его голосе почувствовалась грусть.

— Мы ее нисколько не жалеем, — отозвалась Стефания из-за конторки.

— Так вы о ней никаких сведений больше дать не можете? — спросил Патмосов.

— Затрудняюсь. Служила — пропала... месяца три назад. Вот все, что могу сказать. Да, в начале... в конце ноября они уехали, а после жена вернулась уже без Берты. Верно, Стефа?

— Я чисел не помню, и меня это совершенно не интересовало. Лучше всего ее искать в Петербурге. Вероятно, она в каком-нибудь кафешантане поет.

Стефания обмакнула перо в чернила и стала с такой яростью писать, что перо заскрипело, брызнуло и сделало огромную кляксу. Стефания с яростью придавила ее пресс-папье, как будто давила под ним отсутствующую Берту Шварцман.

— Не буду вас больше беспокоить, — Патмосов приподнял шляпу, но приостановился. — Если потребуются от вас какие-нибудь сведения, вы не откажетесь дать их?

— О, с полным удовольствием! — воскликнул Плинтус.

Уже у себя в гостинице, в общем зале ресторана во время обеда, сыщик подозвал управляющего:

— Я — приезжий, мне скучно. Может быть, вы присядете к столу?

— Пожалуйста! — воскликнул тот.

— Бутылочку лафита?

— Можно.

Патмосов заказал вино и, чокаясь с управляющим, заметил:

— Хороший, большой у вас город.

— О да! — ответил тот. — Необыкновенно богатый. Скоро будет вторая Варшава.

— Есть и почтенные люди... вот, например, этот Плинтус, — сказал Патмосов.

— Плинтус? Да! — согласился управляющий и при этом ухмыльнулся. — Веселый мужчина, жить умеет. Совсем был бы хоть куда, если бы не жена...

— Жена? А чем ему мешает жена?

— Я вам скажу, — управляющий наклонился поближе к собеседнику, — она всем была бы хороша: деловая, хозяйственная и торгует отлично, но... ревнива! Господи Боже мой! Так ревнива, что вы себе и представить не можете. Иногда Генрих Брониславович сидит здесь у нас и разговаривает со мной и еще с каким-нибудь приятелем, и вдруг приходит его жена. Если он сидит только с нами, тогда ничего, но если, спаси Бог, с нами сидит еще какая-нибудь дама, ну, скажем, моя жена или сестра моего приятеля, ну, скажем, просто кто-нибудь, — что тогда делается с госпожой Плинтус! Она загорается как бенгальский огонь, из ее глаз, можно сказать, искры сыплются. Бросается к Генриху Брониславовичу, трясет его за рукав и кричит на весь зал: "Иди домой, бесстыдник! У тебя дети, а ты здесь сидишь чуть не до поздней ночи". И он делается маленьким, опускает свою голову и идет домой. Он боится жены, как огня.

— Говорят, любит ухаживать... за своими кассиршами, ха-ха-ха!

Управляющий тоже засмеялся.

— Отчего человеку не доставить себе удовольствия? Вот у него была кассирша Шварцман. Ах, какая красивая женщина, если бы вы ее видели! А что вышло? Ее госпожа Плинтус поедом ела, и она наконец убежала. Уехала вместе с госпожой Плинтус, а потом Плинтус одна вернулась. Шварцман по дороге взяла вещи — и была такова.

— Что же, тосковал сам Плинтус?

— Тосковал! Два месяца места не находил, посылал справки, искал кассиршу. Нет, пропала! Да оно и понятно: девушка хорошая, замуж выйти за него не могла, влюбиться, может, и влюбилась, а тут эта госпожа Плинтус ее каждый день мучает, до слез доводит. Какая тут жизнь? И убежала, — управляющий покачал головой. — Нет, не дай Бог иметь такую жену! Я вам скажу, что Генрих Брониславович был бы в сто раз лучше и в десять раз богаче, если бы не его жена. Я даже не знаю, как он смеяться может. Другой бы только плакал, а этот — нет: и веселый, и балагур, и всегда у него такая замашка, что, как женщину увидит, сейчас за ней приударяет.

Патмосов, довольный, предложил вторую бутылку.

Разговор завязался, и скоро Борис Романович узнал всю подноготную каждого торгового дома в Лодзи. Только к вечеру он поднялся в свой номер. Лицо его улыбалось, он с удовольствием потирал себе руки. Открыв записную книжку, сделал в ней отметки и улегся спать, имея намерения на следующий день ехать в Петербург.

XXVII

ЖЕРТВА ГИПНОЗА

Весь загорелся Семечкин, когда узнал, что Патмосов уехал в Москву по вызову Прохорова.

— Значит, его поймали? — спросил он у Кати.

— Папа говорил, что теперь этот Чемизов не ускользнет.

— В кандалы его, мерзавца! Борис Романович своего не упустит.

— Да. Папа еще ни одного преступника не выпустил.

— Значит, барышня, я уж к вам буду заглядывать: как и что? Не оставьте!...

— Сделайте одолжение.

— А я вам конфеток...

Семечкин не находил себе места. Каждый день Катя получала коробку конфет, но зато по нескольку раз в день должна была подходить к телефону по вызову Семечкина и, наконец, поручила горничной Маше вместо себя каждый раз отвечать ему: "Ничего не известно".

— Господи, Боже Ты мой, душу мою вымотали, — жаловался Семечкин Авдахову.

— Ништо, Егор Егорович! Что ты за нетерпеливый человек? Если там Сергей Филиппович да Патмосов, о чем тут беспокоиться? Быть на аркане мазурику; не увернется.

— Так-то так, а хочется скорее узнать, как они его там ловят, где они там. Сел бы да поехал.

— И только дело испортишь, — уговаривал его Авдахов. — Пойдем лучше политуру наводить.

И они шли в трактир.

Семечкин утратил сон и аппетит. Он беспокойно бродил по улицам, или сидел у себя в номере мрачный, задумчивый, или ехал к Авдахову и с ним отправлялся на какой-нибудь кутеж с дебошем.

— Сил моих нет, — кричал он. — Подайте этого мерзавца! Я из него душу вытрясу! — а потом плакал пьяными слезами и говорил: — Настенька моя, Настенька! Что с тобой сделал этот разбойник? Жить не буду, коли не отмщу за тебя.

— Брось, — говорил Авдахов. — Все по-хорошему кончится, а я тебе здесь невесту найду.

— Отойди! — кричал Семечкин.

После сильного кутежа он спал тревожным, беспокойным сном. Нелепые сновидения беспокоили его. Он то и дело вскрикивал и просыпался.

В дверь раздался стук.

— Кто там? — спросил Семечкин хриплым голосом.

— Отоприте, Егор Егорович, это я...

— Пафнутьев? — воскликнул Семечкин, узнав голос, и в один миг соскочил с постели.

Семен Сергеевич вошел и сразу очутился в объятиях Семечкина.

— Злодеи, разбойники, что же вы томили меня! — воскликнул последний. — Рассказывайте, рассказывайте, Семен Сергеевич! Что, нашли? Арестовали?.. Задушили?

Пафнутьев закрыл дверь, разделся.

— Все сделали, Егор Егорович. А теперь одевайтесь скорее; я вам буду все по порядку рассказывать. Нам с вами ехать надо.

— Куда? Я хоть сейчас, живо! Чаю хотите?

— Вы одевайтесь, а я позвоню.

Пафнутьев нажал кнопку звонка и приказал коридорному подать чай. Семечкин торопливо одевался и из-за занавески продолжал сыпать вопросами.

— Погодите, я вам такое расскажу, что вы до потолка прыгнете, — засмеялся Пафнутьев. — Собирайтесь, собирайтесь! У нас с вами времени имеется только до одиннадцати часов, а тогда шапку в охапку, пальто на плечи, и айда!

— Куда?

— А вот я вам и расскажу. Садитесь!

Коридорный внес булки и чай.

— Ну, присаживайтесь! Будем пить чай, — предложил Пафнутьев.

— Ни к чему не притронусь, пока всего не расскажете. Ну, говорите!

Пафнутьев начал рассказ.

— Ах он негодяй! Ах разбойник! И ее загубить хотел! — восклицал Семечкин, а Семен Сергеевич продолжал.

Он сообщил, как они задержали Чемизова.

— Теперь, значит, его под конвоем и сюда? В кандалы, мерзавца!

— А мы его отпустить хотим.

— Как? — Семечкин так и подскочил. — Отпустить? Его?.. Да никогда! Я сам сейчас побегу и заявлю в полицию. Чтобы такую гадину, да на волю?..

— А вы послушайте, какую он штуку сказал.

— Ну?

— Сказал он, что если мы с вами поедем в Лугу — адрес дал, — то найдем там одну барыню... Понимаете? И эта барыня будет... госпожой Коровиной, Настасьей Петровной.

— Что?!

Семечкин упал в кресло, раскрыл рот и вытаращил глаза.

— Вот что, друг мой! — сказал Пафнутьев. — Этот мерзавец не убил Настасью Петровну, а только выманивал у нее деньги и дурманил. Он ее гипнотизировал. Заставил отдать ему все деньги, а потом бросил.

— Жива? — шепотом произнес Семечкин.

— Жива! — ответил Пафнутьев. — Мы с вами сейчас найдем ее.

— Ее, Настеньку?.. — Семечкин встал, всплеснул руками и снова упал в кресло. По его лицу текли еле зы, губы судорожно дергались. Пафнутьев смущенно отвернулся, а Семечкин прерывающимся голосом повторял: — Жива... Господи, Боже мой!... Настенька моя, милая, увижу я тебя! Да что же она там-то, в Луге?

— Я еще сам как следует не знаю, — сказал Пафнутьев. — Приедем, увидим. Она там под чужим именем.

— Господи, Боже мой, да ежели это правда, так я, Семен Сергеевич, вас озолочу.

— Ну, мне вашего золота не надо; у меня и свое есть, — засмеялся Пафнутьев.

— Ну, я... я... часовню выстрою, ей-Богу. Вот вернусь в Саратов и часовенку... в честь преподобной Анастасии... Господи! Да ведь это — такое счастье, такая радость!... Жива!...

Боже Ты мой, Боже! Так едем! Чего же мы сидим-то?.. Едем, Бога ради, Семен Сергеевич!

— Что же делать, ежели поезд в половине двенадцатого отходит.

— Да мы автомобиль возьмем; мы на автомобиле.

— Оставьте. Какой же автомобиль за поездом угонится? Где же нам полтораста верст на автомобиле катить? Сумасшедший вы. Вот погодите. Поезд курьерский, в два с половиной часа и домчимся.

— Боже Ты мой, Боже Ты мой!... Не могу сидеть дома. Поедем!...

Семечкин метался. Он садился, вставал, бегал по комнате, ерошил волосы, начинал одеваться, и Пафнутьеву стоило много труда удержать его.

— Ну, поедем! — поднялся он наконец. Семечкин бросился к вешалке, оделся в одну минуту
и стал торопить Пафнутьева.

Они вышли. Семечкин прыгнул в пролетку, торопя Пафнутьева, и крикнул извозчику:

— На Варшавский вокзал! Гони в хвост и в гриву!

Они быстро мчались к Варшавскому вокзалу. Семечкин то и дело погонял извозчика, но Пафнутьев с улыбкой удерживал его:

— Да бросьте, все равно мы поспеем.

— Ах!... Если бы вы понимать могли, — говорил Егор Егорович. — Ведь что вы мне сказали! Ведь вы мне, можно сказать, свет открыли: Настенька-то жива! Я-то по ней за упокой панихиды служил, а она жива. Надо телеграмму в Саратов послать, чтобы не служили панихид, а то ведь каждый день, каждый день. Ой, Господи, и жива, и не убита!... И сейчас ее голос услышу... Несчастная моя Настенька, сколько пережила, сколько перестрадала! Господи... Ну, стой, стой! — Семечкин выскочил из пролетки, кинул десять рублей извозчику и бросился в подъезд вокзала.

Пафнутьев едва поспевал за ним.

Они взяли билеты и заняли место в вагоне.

Семечкин горел как на угольях. Наконец зазвенел звонок, разнеслась трель кондукторского свистка, поезд громыхнул цепями и плавно покатил по рельсам. Егор Егорович перекрестился.

— Много ли езды-то?

— Два с половиной часа. Приедем, не бойтесь.

Казалось, не было конца пути. Семечкин бледнел, краснел, пробовал сидеть спокойно, вскакивал, говорил без перерыва, размахивал руками, взглядывал в окошко и часто-часто смотрел на часы, говоря: "Скоро ли?"

— Приедем.

Пафнутьева наконец утомило волнение Семечкина; он прислонился к спинке дивана и задремал. Вид спокойно дремлющего человека успокоил Семечкина. Он присмирел и весь погрузился в мечту о свидании с Коровиной.

Наконец поезд прибыл в Лугу. Егор Егорович выскочил из вагона и чуть не побежал. Пафнутьев нанял извозчика, приказал ему:

— На Покровское шоссе, дом Беляковой!

Низенькая лошаденка медленно потащила пролетку по непролазной грязи, Семечкин вдруг присмирел, весь побледнел, осунулся, и на лице его отразилась мучительная тревога. Пафнутьеву стало жаль его.

— Бодритесь, — сказал он ему, пожимая его руку. Егор Егорович только качнул головой.

Они ехали мимо церкви, свернули направо, переехали через мост, проехали несколько домов и остановились подле маленького покосившегося домика.

— Здесь, — сказал извозчик.

Семечкин уже не бежал вперед, а робко шел позади Пафнутьева. На большом дворе залаяла собака, срываясь с цепи, на покосившееся крылечко вышла женщина в платке.

— Вам кого? — спросила она.

— Белякову.

— Я и буду.

— У вас живет Александра Кирилловна Подберезина?

— Здесь, — ответила Белякова и недоверчиво посмотрела на них. — А вы кто будете?

— Знакомые, — сказал Пафнутьев и смело двинулся вперед. Белякова невольно посторонилась и пояснила:

— Через кухню прямо и в дверь направо; там и она. А вы деньги за нее заплатите?

— Заплатим, заплатим! — ответил Пафнутьев. — Веди нас, матушка!

— Да вот! — Белякова выступила вперед и стукнула в грязную дверь. — Александра Кирилловна, к тебе пришли.

За дверью царило молчание.

— Бессловесная она больше, — сказала Белякова. — Вы так войдите.

Пафнутьев толкнул дверь с низкой притолокой и, наклонившись, вошел в комнату. Семечкин робко следовал за ним.

Крошечная комната с двумя оконцами, сквозь которые тускло пробивался свет, производила жалкое впечатление. Потрескавшиеся обои, закопченный потолок, два каких-то портрета на стене, засиженные мухами, премия к иллюстрированному журналу. У одной стены стояла узкая железная кровать, покрытая ватным ситцевым одеялом, у другой — комодик с осколком зеркала. Между кроватью и комодом — табуретка с чашкой и кувшином, а в простенке между окнами — небольшой стол с остатками еды.

У окна в порванном кожаном кресле сидела высокая, худая женщина и безучастным взглядом смотрела на вошедших. Пафнутьев увидал красивое испитое лицо, большие ввалившиеся серые глаза, бледные губы. Одета женщина была в ситцевое черное платье с белыми крапинками, голова ее была повязана платком.

Семечкин выступил вперед и остановился. Пафнутьев взглянул на него и прочел на его лице смешанное чувство удивления, жалости и радости.

Все это произошло в одно мгновение. Женщина обратила к ним бледное лицо и тихо спросила:

— Вам кого надобно?

— Александра Кирилловна Подберезина вы будете?

— Я — Подберезина, — ответила слабым голосом женщина.

В это время Семечкин бросил на стол шапку и надорванным голосом сказал:

— Настасья Петровна, вы ли это?

Женщина вздрогнула, испуганно взглянула на Семечкина, а потом торопливо сказала:

— Я — Подберезина, Александра Кирилловна, а Коровина — это другая.

— Мы вовсе и не говорим про Коровину, — поправился Пафнутьев. — Мы приехали к вам от господина Кругликова.

— Кругликова? — глаза несчастной женщины оживились, потом потускнели. — Я не знаю Кругликова, — сказала она, — никого не знаю.

— Как вы сюда попали? — спросил Пафнутьев.

— Не помыло. Я здесь давно; может быть, сто лет тут.

Семечкин горестно воскликнул:

— Настасья Петровна, неужели вы меня не узнаете? Егор Егорович Семечкин, ваш старый приятель. Вспомните, голубушка моя, вспомните!

— Какая я Настасья Петровна? Я — Александра Кирилловна. Что вам надо?

— Видите ли, вам необходимо ехать в Петербург. Так вот мы приехали за вами.

— А я не могу ехать, мне не приказано.

— Кто вам не приказал?

— Так, у меня есть такой приказ, чтобы не ехать отсюда никуда, ничего не знать, все забыть. Я ничего не помню.

— О, Боже мой! — Семечкин бессильно опустился на стул.

Пафнутьев не терял надежды.

— Все-таки вам надо ехать со мной, — твердо сказал он несчастной женщине. — Это уже не я, а он требует. И вы, пожалуйста, нас не задерживайте. Соберите вещи, и едем!

— Что же, — растерянно сказала она, — если он приказывает... А какие мои вещи? У меня нет ничего. Степановна! — крикнула она.

В комнату тотчас вошла Белякова, очевидно все время подслушивавшая за дверью.

— Чего тебе? — сердито спросила она.

— А вот они говорят — ехать мне, а какие у меня вещи?

— Никаких вещей, — ответила Белякова, — а коли говорят ехать, так уезжай. Только пусть они деньги за тебя заплатят. Мне с тобой возиться тоже не радостно. Нужно ехать — и поезжай. Вот платок есть — в платок завернись, а больше никаких.

— Господи, Господи! — повторял Семечкин, склонив голову и чуть не захлебываясь слезами.

— Я сейчас достану пальто, — сказал Пафнутьев. — А сколько вам надо денег?

— Денег сколько? Да вот считай! Привез он ее и говорит, чтобы я держала ее, и кормила, и поила, и всякое. И сговорились мы по двадцати пяти рублей в месяц. Пятьдесят рублей он дал, а потом и пропал.

— А сколько времени?

— Вот теперь — апрель, а был он в декабре. Значит, январь, февраль оплачены, а за март и апрель не дадено. Пятьдесят рублей.

— Хорошо, я заплачу тебе пятьдесят рублей, а ты снаряди ее. Может быть, купишь ей пальто? Здесь есть где купить?

— А как же! — Белякова сразу изменила тон и стала внимательной и услужливой. — Тут у нас Гостиный двор и всякие вещи первый сорт можно купить.

— Ну, вот и купи пальто первого сорта. А мы здесь посидим, подождем.

— Я мигом! Приказчик придет и принесет, а вы выберете.

— Отлично!

Белякова поправила на голове платок и быстро вышла из комнаты, а Пафнутьев сел рядом с Семечкиным, обменявшись с ним безнадежным взглядом. Коровина сидела с безучастным лицом и не смотрела на них, устремив взор в противоположную стену.

— Разбойник, — проговорил дрогнувшим голосом Семечкин. — Это хуже, чем убить ее.

— Ничего, не унывайте, — сказал Пафнутьев. — Мы ее вылечим, как только приедем в Петербург.

Луч надежды скользнул по лицу Семечкина.

— Нешто можно?

— И очень легко.

— Господи, чего бы я не дал!

— А это — она? Коровина?

— Да как же! — воскликнул Семечкин. — Настасья Петровна, да неужто вы меня не узнаете?

Коровина обернула к нему безучастное лицо.

— Это вы меня Настасьей Петровной зовете, а я — Александра Кирилловна.

— Бога побойтесь! — завопил Семечкин. — Да когда же вы были Александрой Кирилловной? Вы — Настасья Петровна Коровина, купеческая вдова из Саратова; встретили мерзавца Кругликова, чтоб ему провалиться...

Семечкин приходил в ярость, Пафнутьев удержал его за руку.

Белякова скоро вернулась в сопровождении молодца из лавки, который нес на плече охапку драповых пальто с бархатной отделкой. Пафнутьев выбрал из них потеплее, сторговался, Семечкин заплатил. Вслед за тем они расплатились с хозяйкой дома, позвали извозчика и увезли Коровину. Пафнутьев с вокзала отправил телеграмму Патмосову. Всю дорогу до Петербурга Настасья Петровна безучастно сидела в углу дивана. Семечкин казался убитым. Пафнутьев сказал ему:

— Мы пока поместим ее в комнате, у вас в номерах, а завтра позовем профессора, все расскажем, и он нас научит. В Петербурге есть один, специально занимающийся гипнотизмом.

Семечкин тяжело вздохнул.

— Никаких денег не пожалею. Ах, мерзавец, мерзавец! Что он с ней сделал, душу вынул!

— Вернем, вернем, прежняя Настасья Петровна будет! — утешал его Пафнутьев и пожимал ему руку.

Действительно, на другой день в номера, где жил

Семечкин, приехал профессор. Он подробно расспросил Пафнутьева, осмотрел Коровину и сказал:

— Необходимо поместить ее в клинику. Будьте покойны, мы ее вылечим.

— То есть ничего не пожалею, — воскликнул Семечкин. — Спасите ее!

Он вытер платком слезы.

— Не беспокойтесь, поправим! И будет она снова здоровой и бодрой. Я осмотрел ее, она совершенно здорова. Сегодня же поместите ее в клинику; я распоряжусь.

Снова унылые дни потянулись для купца Семечкина. Каждый день заезжал он в клинику, беседовал с профессором, а потом входил в комнату Коровиной. А она так же отстраненно сидела в глубоком, спокойном кресле, как в той убогой комнатенке в Луге.

— Настасья Петровна, да неужто вы не узнаете меня, Егора Егоровича? — восклицал Семечкин, и в ответ она неизменно говорила:

— Я — Александра Кирилловна и не знаю, почему вы меня зовете Настасьей Петровной?

Семечкин уходил. Даже Авдахов не мог успокоить его.

— Не бойтесь, выздоровеет она. Сразу это сделать нельзя, — уверял его Пафнутьев.

Профессор каждый день усыплял Коровину и повторял свои внушения, пытаясь вернуть ее к воспоминаниям о прежней жизни. И наконец долгожданный час настал: Семечкин приехал в клинику, вошел в комнату Коровиной и увидал на ее лице краску, а в глазах — осмысленный взор. Он подошел к ней и дрогнувшим голосом сказал:

— Здравствуйте, Настасья Петровна! Она кивнула ему.

Он просиял.

— Узнаете вы меня? Я — Егор Егорович Семечкин; в Саратове мы с вами были...

— Нет, как будто бы не знаю... А может быть... смутно что-то... Я не знаю даже, кто — я. Странно как-то!

Семечкин вышел от нее и прошел в кабинет профессора.

— Все идет по-хорошему, — ободряюще сказал тот. — Еще немного, и Настасья Петровна выздоровеет.

XXVIII

РАДОСТНЫЕ ВЕСТИ

Патмосов возвращался домой.

Было раннее утро. Катя хлопотала по хозяйству и поджидала Пафнутьева, который неизменно являлся с утра и проводил с ней весь день, весь в радостном ожидании, что их любовь наконец завершится свадьбой.

Катя давала распоряжения Маше и вдруг услыхала стук входной двери; выбежав в прихожую, она увидала отца.

— Папа, здравствуй! — крикнула она. — Как тебе не стыдно, что ты не известил о своем приезде!

Патмосов нежно поцеловал ее и шутливо ответил:

— Хотел свою хозяюшку врасплох застать. Ну, чем отца покормишь?

— Покормить?.. Маша, что у нас есть? Ах да! Если хочешь, я тебе сейчас зажарю малороссийскую колбасу, а пока дам водки и закусить что-нибудь. Кофе у меня заварен.

— Отлично! — входя в комнаты и, по обычаю, потирая руки, сказал Патмосов. — Выпьем и закусим. Я изрядно проголодался.

Катя вприпрыжку побежала на кухню, а Патмосов надел домашние туфли, сбросил пиджак, заменил его обычной тужуркой, сел к своему бюро и занялся работой.

— Иди, папа! — крикнула Катя из столовой.

— Сейчас! Ну, скажи, что твой Сенечка делает?

— А он сейчас будет, — вспыхивая, ответила Катя. — Он говорит, что я могу соскучиться в одиночестве, и каждый день приходит. А какие он мне подарки из Москвы привез!

— Знаю, знаю. Так сейчас придет? А ты вот что, милая: подойди к телефону, позвони в сыскное и вызови ко мне Чухарева; пусть он сейчас заезжает.

Катя тотчас отправилась в кабинет, а Патмосов налил рюмку водки, посмотрел на свет, выпил, крякнул и стал есть ветчину.

Зазвенел звонок, и скоро в столовую вошел Пафнутьев.

— Борис Романович, ты и не известил о приезде! — воскликнул он, подходя к Патмосову,

Тот встал и дружески поцеловался с гостем.

— Зачем извещать? Чай, не персона и не расслабленный.

Вышел с вокзала, сел в трамвай, вот и дома. Ну, расскажи мне все новости. Семечкин рад?

Пафнутьев, махнув рукою, ответил:

— И рад, и не рад! Этот мерзавец совершенно искалечил Коровину, обратив ее в какую-то идиотку, и теперь ее лечат.

— Ну, и что же?

— Обещают вылечить. Вчера видал Семечкина, он сам не свой. Доктора говорят, что к ней вернется сознание.

— Ну, дай Бог, дай Бог! Было бы жалко, если бы наше дело не увенчалось полным успехом.

— Тут увенчалось, а дело осталось делом: кто — убитая и кто — убийца?

Патмосов тихо засмеялся.

— Нашел! Будь покоен! Так обделал все дело, что лучше и не надо.

— Нашел?

— Ну да! Чего удивляешься?

Катя внесла на шипящей сковородке поджаренные колбаски.

— Вот съедим да выпьем, потом кофе, а там придет Чухарев, и я все доподлинно расскажу, — заявил Патмосов.

— Удивительно! И это ты в одну неделю обделал?

— Чего же тут долго возиться, когда я все дороги знал? Дело вовсе не трудное; нужно только уметь смотреть и понимать. Ну, за твои будущие успехи! — поднимая рюмку и чокаясь с Пафнутьевым, сказал Патмосов.

В это время раздался звонок, и в комнату вкатился маленький рыжий Чухарев, по дороге поправляя воротничок и манжеты.

— Здравствуйте, дорогой Борис Романович! Приехали? С новостями поздравить можно?

— Здравствуй, здравствуй, Петр Кондратьевич! Ну, садись! Я тебе сюрприз приготовил, — смеясь, сказал Патмосов. — Катя, подавай кофе. Может, закусить чего хочешь?

— Нет, спасибо! Я позавтракал. В "Плевне" завтракали.

— Обычно, по-вашему. Ну, расскажи пока, что у вас там?

— Да что? Канитель одна! — Чухарев махнул рукою. — Градоначальник снова говорил нашему начальнику, а начальник — помощнику, помощник на меня набросился, а я что? Я вам верю, Борис Романович...

— И хорошо делаешь! Ну, теперь, братцы, слушайте. Ты, Катя, тоже можешь оставаться. Я здесь расскажу.

— Неужели нашли? — и Чухарев даже приподнялся на стуле.

— А то как же! Чего же ради я ездил? — усмехнулся Патмосов. — Про Коровину ты знаешь?

— Как же! Семен Сергеевич мне все рассказал.

— Ну, так это — одна история, а наше дело с тобой другое. — Патмосов помолчал, потом закурил папиросу и начал: — Как я обещал тебе, Петр Кондратьевич, что дело это твое будет, так оно твоим и будет; постарайся только за него побольше сорвать.

Чухарев просиял.

— Помилуйте, Борис Романович! Если я открою это дело, непременно отличие будет.

— Ну, так вот и старайся! — Патмосов пыхнул папиросой. — Когда я был у вас на осмотре, то прежде всего, если ты помнишь, я нашел два волоса — черные и длинные.

— Как же! — сказал Чухарев. — Я удивлялся, что мы просмотрели.

— Ну, вот! А ведь Коровина-то, по описанию, русая?

— Совсем светлые волосы с золотым отливом, — сказал Пафнутьев.

— С золотым отливом, а тут черные. Значит, могут быть два объяснения: первое — что убийцей была женщина с черными волосами, а второе — что убита была женщина с черными волосами. Следовательно: или убита не Коровина, или убийцей является не тот Кругликов, которого обвиняют в преступлении (теперь мы знаем, что это — Чемизов), а какая-то женщина с черными волосами. Словом, — засмеялся Патмосов, — ищи женщину! Хорошо!... Затем когда я осмотрел коробку, то увидел сразу, что она нездешней работы; тут таких коробок не делают. Здесь делают ящики на Охте, делают лубяные короба, а таких картонок, как та, где была голова, у нас нет. Их выделывают в Варшаве и в Лодзи. Я несколько раз выписывал оттуда разные вещи, и всегда в таких же самых коробках, как та. Это — второе. Я запомнил. А третье: если ты вспомнишь, то этот багаж был послан по адресу Станислава Личинского, в Вильну, на Немецкую улицу. Что надо делать? А надо ехать к этому Станиславу Личинскому и говорить с ним.

— Мы к нему запрос посылали и показания брали, — сказал Чухарев.

— Запрос, показания... Что же он мог сказать? "Черт их знает, откуда пришла посылка", — вот и все. Я решил, что надо его расспросить, и тогда, может быть, найдутся какие-нибудь следы. Ясное дело, что если посылают посылку к нему, то посылает ее непременно кто-нибудь знающий его. Фамилии и адреса так себе из головы не выдумаешь. Понял?

140

— Так-то оно так, хотя можно и прямо из головы. Вот я пошлю: Парголовская улица, семьдесят два, Кувыркову. Она и пойдет.

— Положим, это можно, — согласился Патмосов, — но для этого много ума надо. Обыкновенно попадается чья-нибудь знакомая фамилия с адресом, и туда гонят. Может быть, даже есть расчет правдоподобности, вероятности. Шут их знает, но обычно дело ведется так. Хорошо! Поехал я к Личинскому. Веселый парень, любит поесть, любит выпить... Ну, и я - не дурак. Один раз он меня угостил, другой раз — я его, сказал, что хочу магазин открывать. Он и разговорился. Торгует он всяким хламом: за девяносто четыре копейки сто двадцать вещей посылает. Ну, а хлам этот получает главным образом от Плинтуса. Зовут последнего Генрихом Брониславовичем, и живет он в Лодзи, причем торгует главным образом костюмами и разной галантереей. Он, значит, посылает все Личинскому, а Личинский уже публику обдувает. Спрашиваю последнего, у кого он еще товар покупает? Почти ни у кого: Плинтус — самый главный. "Что за Плинтус?" Слово за слово: веселый господин, хорошо бы с ним дела делать, только жена у него бедовая: влюблена в него, как кошка, ко всем ревнует и во всякое дело нос сует. Стал я дальше расспрашивать. Тут пан Личинский мне одну историю рассказал, другую историю, а потом говорит: "Какая она, то есть жена этого самого Плинтуса, такая-сякая. Была у них красивая кассирша, Берта Эдуардовна Шварцман, так она ее со света сжила". — "Как, — говорю, — сжила?" — "А так, увезла ее и рассчитала. Так, — говорит, — и пропала. А Плинтус после того два месяца нос повесив ходил". Ну вот, я это на ус себе намотал и прямо в Лодзь, а там к Плинтусу. Пришел в магазин и говорю: "Подайте мне Берту Эдуардовну Шварцман". Тут сейчас его жена — она рыжая — и спрашивает: "Зачем вам эту самую Берту?" — "Я, — говорю, — ее родственник, за ней приехал". Плинтус руками развел. "Как, — говорит, — уехала она с моей Стефанией, так и пропала". — "Как это, — говорю, — пропала? Вы, сударыня, с ней уехали?" — спрашиваю Плинтусиху. "С ней, — отвечает. — А по дороге она рассорилась со мной и прочь уехала". — "А где это? А когда это было? А почему? А где ее вещи?" Эта самая Стефания смутилась и к себе за конторку спряталась. Ну, я ушел к себе, а в гостинице управляющий — большой болтун. То, се, тары-бары, хороший табачок, я его посадил за стол и давай расспрашивать. Ну, тут узнал я всю подноготную Плинтусов. Генрих-то Брониславович — мужчина красивый, лет под сорок, ухаживать охотник, а жена его, можно сказать, — кошка драная: острый

141

нос, глаза навыкате и ревнива. Управляющий рассказал мне столько сцен, что со смеха помрешь. А эта Берта Шварцман у них кассиршей была, высокая, статная, красивая брюнетка. Плинтус с ней и сошелся. Весь город об этом знал. Стефания металась и не знала, как от нее отделаться, а потом поехали они вместе товар и покупать, и продавать, сперва в Варшаву, потом в Петербург. Стефания уехала с Бертою, а вернулась одна. Вот тебе и вся история.

— Что же вы думаете? — спросил Чухарев.

— Да нечего тут и думать. Возьми отпуск, поезжай в Лодзь, найди этих Плинтусов, подойди к Стефании и скажи: "Я вас арестую за убийство Берты Шварцман". Вот и все!

— Неужели? — Чухарев вскочил. — Борис Романович, да ведь это — такое счастье, да ведь если это так, то какая же мне награда? А слава-то какая!

— Так, так, милый человек, будь покоен! Я уж тебе без обмана.

Чухарев подбежал к Патмосову и горячо стал встряхивать его руку.

— Я уж не знаю, как и благодарить вас.

— А никак, — смеясь, ответил Патмосов. — Сделай дело — ладно, а мне твоя помощь когда-нибудь еще нужна будет.

— Да и я, и дочь моя жизнь за вас положим, вот что! — воскликнул Чухарев. — Можно мне идти, Борис Романович?

— Иди, иди!

Патмосов засмеялся. Чухарев стремглав удалился.

— Осчастливил человека, — сказал Пафнутьев.

— Надо. Все время держат в черном теле, а он — человек с мозгами.

— Смотрю я на тебя, Борис Романович, и диву даюсь. Куда мне! Ввек не дойти до такой тонкости.

— Ну, ну, присматривайся да учись понемногу, а если дело нравится и есть к нему охота, так все, братец, будет. В конце концов, все эти дела немудреные. Во всю свою жизнь ни разу я не видал, чтобы преступник мог скрыть свое преступление. Всегда какая-нибудь мелочь, пустяк — и он открыт. Да понятно. Разве можно человеку, какой он ни будь умница, хоть семи пядей во лбу, обдумать все случайности? Сообразил он их тысячу и приготовился к ним, а вдруг ему тысяча первая, и все насмарку! Он растерялся и след оставил. Ну, дело кончено! Отдохну я немного, а потом займемся другими делами.

Патмосов встал, поцеловал дочь и пошел в свой кабинет, говоря:

— Обед к четырем часам сделай, а тогда и меня разбудишь.

Пока что гуляйте, ребята. Ты, Сенечка, узнай про Семечкина: как и что?

— Он у меня в семь часов будет; хочешь, я его к тебе приведу?

— Нет, сегодня не надо. Сам с собою побыть хочу. Ну, всего доброго! Покалякайте тут! — и Патмосов скрылся в своем кабинете.

XXIX

ЖЕНИХ И НЕВЕСТА

Доктор обнадеживал Семечкина. Коровина уже узнавала последнего и охотно беседовала с ним. Она полнела, румянец вернулся на ее щеки, в глазах было осмысленное выражение, и только иногда, временами, она забывалась и называла себя Подберезиной. Порою она вдруг вспоминала Кругликова и тогда бледнела, откидывалась к спинке кресла и погружалась в какое-то оцепенение. Семечкин испуганно бежал тогда к доктору, тот приходил, погружал ее в транс и грозно кричал на Коровину:

— Вы меня слышите?

— Слышу, — слабо отвечала она.

— Вы должны забыть этого Кругликова. Его уже нет, его не было. Поняли?

— Поняла.

— Что вы должны?

— Забыть Кругликова; его нет, его не было.

— Проснитесь!

Коровина просыпалась; растерянно смотрела на Семечкина и говорила:

— О чем это вы рассказывали?

Егор Егорович, как будто ничего не случилось, продолжал свой рассказ.

Иногда с разрешения доктора он возил Коровину по окрестностям Петербурга. Они побывали и в Петергофе, и в Царском Селе, и Настасья Петровна радовалась, смотря на окружающую красоту и вдыхая теплый весенний воздух.

— Ах, Егор Егорович! — говорила она. — Не пойму, что со мной было, но сейчас я словно начинаю жить новою жизнью.

— Настасья Петровна! — взволнованно восклицал Семечкин. — Мы и начнем новую жизнь, ежели вы посмотрите на меня своими добрыми глазами и поверите в мою любовь.

— Любовь? Я люблю вас, Егор Егорович, но все мне как-то странно; кажется мне, что я словно прожила какую-то долгую-долгую жизнь и стала старой-старой.

— Эх, бросьте! Какая же вы старая? Красавица вы, Настасья Петровна.

— Да? — спрашивала Коровина и веселела.

— А то как же? Теперь вы еще на двадцать пять лет помолодеете. Вот доктор сказывает, что надо вам за границу ехать. Поженимся и сейчас поедем, хоть к черным арапам, куда прикажете. Будем мы с вами счастливы, потому люблю я вас, — Семечкин ударял себя в грудь кулаком. — Только поверьте мне!

— Верю, верю, Егор Егорович, — и молодая женщина крепко опиралась на его руку.

Доктор все веселее смотрел на свою пациентку и наконец сказал Семечкину:

— Берите теперь Настасью Петровну, и дай Бог вам совет да любовь, как говорят обычно.

— Благодетель вы! — пробормотал Егор Егорович, пожимая его руки.

В тот же день Коровина переехала в роскошный номер "Европейской" гостиницы, и Семечкин каждый день с утра до позднего вечера проводил у нее.

Радостный, сияющий он приехал к Патмосову и стал обнимать его.

— Борис Романович! Такое мое счастье, что и рассказать вам не могу! Я просил вас найти этого мерзавца, убийцу, хотел его в кандалы заковать, а вы ее нашли, счастье мое вернули. Как мне и благодарить вас, уж я и не придумаю.

— Как? — усмехнулся Патмосов. — Уговор у нас был: три тысячи.

— Что значит три тысячи!... Три тысячи, были назначены, чтобы убийцу подлого найти, а вы мне мою Настеньку вернули. Борис Романович, я вам пять дам. Уж вы меня извините, я бы и больше. Скажете — дам больше.

— Зачем мне больше? Спасибо и на этом.

Семечкин вынул чековую книжку, радостно подписал чек и, подавая его талантливому сыщику, сказал:

— А еще милости прошу. Мы теперь с Настасьей Петровной уедем, но в августе непременно вернемся; так не откажите на нашей свадьбе попировать.

Патмосов рассмеялся.

— Прохоров звал на свадьбу — раз; вы меня зовете — два. Нужно еще третью.

— А Семен Сергеевич, — воскликнул Семечкин, — с вашей Екатериной Борисовной! Вот и три!

— И то! Значит, все свадьбы и справим. То-то кутеж будет!...

Семечкин горячо обнял Бориса Романовича.

На другой день он снова приехал к Патмосовым вместе с Настасьей Петровной и привез Кате футляр с драгоценным ожерельем.

— Это вам, Екатерина Борисовна, от моей Настасьи Петровны на памятку.

— Спасибо, — вспыхнула Катя.

Настасья Петровна посмотрела на нее с ласковой улыбкой и затем спросила:

— Вы, значит, одна у батюшки?

— Одна как перст, — сказал Патмосов. — А теперь ее у меня мой злодей отнимает.

— Так что же, — сказала Катя, — все равно ты с нами будешь. Мы с тобой ни на минуту не расстанемся.

— Знаем, знаем, — ответил Патмосов. — А все-таки была ты у меня в покорности, а теперь под чужую руку переходишь. Вроде как бы изменяешь подданство, — пошутил он.

— На то и женщина! Вот и Настасья Петровна в подданство ко мне переходит, — и Семечкин, взяв руку Настасьи Петровны, горячо поцеловал ее.

— И хорошо, — сказал Патмосов, — а чтобы он не очень утеснял вас, вы ему приданое в тридцать тысяч.

Коровина густо покраснела.

— Было оно! — тихо сказала она.

Семечкин с укором взглянул на Патмосова. А тот смеялся:

— Оно и есть! Не угодно ли? — он вышел в свой кабинетик и. вернулся с пачкой денег. — Извольте сосчитать. Все тридцать тысяч!

Семечкин разинул рот, Коровина отшатнулась.

— Откуда это?

— Отобрал у Кругликова, по-нашему — Чемизова.

— Ну и кудесник! — воскликнул Семечкин, приходя в себя. — Настя, бери!... Твои деньги. Борис Романович вроде доброго духа.

— Как благодарить вас? — сказала Коровина.

— На ее свадьбе плясать, — ответил Патмосов, кивая головой в сторону дочери.

145

— Нет! — сказал Семечкин. — Должна ты дать ему десять процентов. Считай три тысячи.

Коровина передала Патмосову деньги.

Семечкин уложил остальные пачки по карманам.

— Ну, теперь — все! — сказал он. — Надо и в дорогу собираться. Может быть, приедете нас проводить вечером на Николаевский вокзал? Хотим в Саратов поехать, а оттуда либо в Крым, либо на Кавказ.

— Непременно приедем втроем: я, Катя и Семен, — пообещал Патмосов.

XXX

НОВЫЙ УСПЕХ

Начальник сыскной полиции сидел в кабинете, занимаясь очередными делами. Вскоре к нему вошел помощник и сказал:

— Чухарев не в своем уме: говорит, что нашел убийцу Коровиной.

— Ну? Зовите его сюда!

Помощник через минуту вернулся с Чухаревым. Тот краснел, одергивал себе манжеты и, волнуясь, докладывал:

— Я, ваше превосходительство, все как есть узнал. Женщина, которая убита, вовсе не вдова Коровина — последнюю уже нашел господин Патмосов. Она жива и теперь находится на излечении, а потом господин Семечкин на ней женится.

— Как? — начальник полиции откинулся к спинке кресла и изумленно вытаращил глаза. — А этот Кругликов?

— Кругликов скрылся и ни в каком убийстве не повинен.

— Что за чепуха! Как же Семечкин искал Коровину, а она жива?

— Жива, — ответил Чухарев, — могу вас удостоверить в этом. Сейчас она на излечении находится, потому господин Кругликов ее гипнотизмом изводил.

— Кто же убит?

— А убита некая Берта Эдуардовна Шварцман.

— Что такое? Какая Шварцман? Слушайте, Чухарев, вы, кажется, того... — и начальник указал на лоб.

— Никак нет. Дозвольте рассказать все доподлинно! —

Чухарев, торопясь и сбиваясь, рассказал весь ход дела. Начальник слушал его внимательно, и мало-помалу лицо его начинало принимать радостное и ласковое выражение. Чухарев кончил и сказал: — Дозвольте, ваше превосходительство. мне поехать и арестовать убийцу.

— Молодец, Чухарев! Отличились, — воскликнул начальник. — Будьте теперь спокойны, я не оставлю вас без награды и сделаю вас чиновником особых поручений. Ну, а что касается ареста, так мы поедем с вами вместе. Поняли? Собирайтесь к девятичасовому поезду. Я сейчас сделаю экстренный доклад градоначальнику.

— Слушаю-с, — ответил Чухарев и вышел из комнаты, не чувствуя под собою ног от радости.

— Что? Наградил? — спросил его Калмыков.

— Обещался наградить, а арест сам хочет сделать.

— Э! — Калмыков мрачно усмехнулся. — Разве мы этого не знаем? Он же и награду получит. Будут говорить: вот какой ловкий! В газетах напечатают. Ну, а тебе-то что обещал?

— Сказал, что чиновником сделает.

— Ну, понятно! Нельзя же так оставить. А и счастливый же ты, Чухарев!

— Бог помог!

Калмыков наклонился к нему и сказал:

— Говори по правде, ты?

— А то кто же? — ответил Петр Кондратьевич, искоса взглядывая на приятеля.

— Врешь! Все это тебе Патмосов сделал.

— И ничуть! Я все один, как есть.

— И в Лодзь ездил?

Этот вопрос несколько смутил Чухарева, но он, быстро оправившись, с апломбом ответил товарищу:

— Ну, в Лодзь я не ездил, но у меня там есть люди, и я все справки навел. Однако мне пора; надо и дома распорядиться, и в дорогу приготовиться. Дело будет серьезное, нешуточное.

— Счастливый, — вздохнул Калмыков. — Повезло!

— Не унывай! И тебе повезет.

Чухарев отошел от приятеля и торопливо побежал домой.

— Тоже Шерлок Холмс, — усмехнулся Калмыков и досадливо плюнул.

Между тем Петр Кондратьевич быстро собрался и с маленьким чемоданом в руке вернулся в сыскное ожидать начальника.

XXXI

СТРАШНОЕ ПРИЗНАНИЕ

Бойко шла торговля у Плинтуса. За конторкой сидела Стефания с острым носом и быстрыми, вытаращенными глазами и, смотря на окошечко, громко отдавала свои приказания.

Сам Генрих Брониславович почтительно разговаривал с покупателем. Во всем магазине, во всех углах был навален товар. Тут лежали и отрезки трико, и готовые пиджачные и визитные костюмы, и мерлушковые шапки. В другой стороне, в высоком стеклянном шкафу, в коробках лежали часы, кольца, серьги, браслеты. Целый угол занимали волшебные фонари и кинематографы, и, казалось, не было такой безделицы, которой не оказалось бы в магазине Плинтуса. Сидевшая за кассой бледная, пожилая женщина проверяла повестки с наложенным платежом. Работа кипела.

Вдруг дверь отворилась, и в комнату вошли три господина: один — высокий, полный и представительный, другой — маленького роста, толстенький, а третий — приземистый, ширококостный мужчина с суровым лицом. Маленький быстро подошел к хозяину магазина и сказал:

— Уважаемый господин Плинтус, нам бы нужно повидать вашу супругу, Стефанию Казимировну.

— Я здесь! — раздался из окошечка резкий голос.

— А, очень приятно! — проговорил маленький (это был Чухарев). — Не будете ли добры выйти к нам на минуточку?

— Что вам угодно?

Стефания вышла из-за загородки и остановилась пред Чухаревым. В это время выступил полный господин и, строго смотря на нее, произнес:

— Где Берта Эдуардовна Шварцман? Вы должны знать это.

Стефания с легким криком отступила назад, но, быстро оправившись, сказала:

— Мне до этой девки нет никакого дела.

Сам Плинтус оставил покупателей и испуганно подошел к странным посетителям.

— Я вас арестую за убийство. Берты Шварцман, — сказал Стефании полный господин и обернулся к сопровождавшему его: — Делайте свое дело!

148

Тот подошел к Стефании и взял ее руки. Она, вырываясь, воскликнула:

— Вы не смеете трогать меня! Как вы смеете говорить такие вещи? Я ничего не знаю о Берте Шварцман!

— Мы это узнаем после, поговорив с вами, — сказал полный господин.

Чухарев подошел к Плинтусу:

— Будьте добры, покажите мне все вещи покойной Берты Шварцман и комнаты вашей супруги.

— Я... сделайте одолжение, — заикаясь, сказал Плинтус и изумленным взором смотрел, как Стефанию вывели из магазина, посадили в автомобиль и увезли.

Он опустился на стул и, позабыв о своих покупателях, вытер платком вдруг вспотевшее лицо. Молнией мелькнула в его уме мысль, что исчезновение красивой Берты — дело рук его ревнивой жены.

Между тем Чухарев в сопровождении прислуги вошел в комнату Стефании и деятельно занялся обыском. Он переворочал всю постель, заглянул во все щелки, выдвинул все ящики.

А в это время в отдельном кабинете лодзинского полицеймейстера сидел начальник петербургской сыскной полиции и допрашивал Стефанию Плинтус. Она рассказала, как ехала с Бертой Шварцман, всячески порочила ее, но когда дошла в своем рассказе до ссоры со Шварцман, то спуталась.

— Как же вы сначала говорили, что поссорились с ней в Минске, а теперь говорите, что в вагоне, по дороге в Варшаву? — задал вопрос начальник.

— Сперва в Варшаве, по дороге, а потом в Минске окончательно, — ответила она.

— Значит, в вагоне у вас был спор, а в Минске — разрыв?

— А в Минске произошел разрыв, и она скрылась.

— Она скрылась в Минске, а во Пскове, вы говорите, с ней обедали? Что-то странно!

Стефания окончательно запуталась и тихо произнесла:

— Делайте со мной, что хотите, я ничего не знаю. Может быть, она сейчас гуляет где-нибудь по улицам и заманивает прохожих, а вы обвиняете меня.

В это время вошел Чухарев, неся в руке узел. Он наклонился к начальнику и тихо прошептал несколько слов. Стефания стала, бледная, как бумага.

— Разверните! — сказал начальник.

Чухарев положил узел на стол и быстро развязал его.

— Вот это я нашел у них в спальне. Это белье было засунуто

у них за печкой. Железная печка, и за ней, вроде ямки, паркет вынут. — Он развернул верхнюю кофту, всю покрытую черными пятнами. — А это — в сундуке, на самом дне. — Он вынул широкий охотничий нож, покрытый ржавыми пятнами. — И потом это...

Стефания взглянула и истерически закричала.

Начальник позвонил и сказал служителю:

— Принесите воды!

Чухарев положил на стол маленький сверток, в котором находились браслет, кулон и два кольца.

— Это вы, значит, с нее сняли? — сказал начальник медленно и с содроганием. — Отрубили руки и сняли? Отрезали голову и взяли кулон?

Стефания вся трепетала в истерическом плаче. Ей дали успокоиться, и тогда она медленно, несвязно начала свой ужасный рассказ. Она не хотела смерти Берты, но по дороге они поссорились. В Двинске она решилась на свое страшное дело и, приехав в Петербург, привела его в исполнение. Руку и ногу она успела забросить на дворы, в помойные ямы, голову и часть внутренностей послала клиенту в Вильно. Часть туловища с рукою бросила на Неве в прорубь, а одну ногу засунула в печку, в том номере, где остановилась.

Начальник и Чухарев с омерзением слушали ее. Потом начальник позвонил и сказал служителю:

— Возьмите ее в отдельную камеру! Завтра мы ее перевезем в Петербург.

Стефания заметалась.

— Дайте мне проститься с детьми и с мужем, — закричала она.

— Это после, при отъезде, — ответил начальник. — Возьмите!

Служитель взял убийцу за руки. Она покорно склонила голову и медленным шагом вышла из кабинета. Начальник горячо пожал руку Чухарева.

— Ну, отличились! — сказал он. — Его превосходительство не оставит вас без награды. Я уеду сегодня, а вы завтра поедете с ней. Вам дадут в сопровождение агента. Следите за ней в оба! Не думаю, чтобы она могла убежать, но она может отравиться или выброситься с поезда.

— А как насчет свидания?

— Разрешите на вокзале, в жандармской комнате. Пусть увидятся. Ну, еще раз спасибо вам, — и начальник опять крепко пожал руку Чухарева.

Счастливый, радостный Петр Кондратьевич проводил

начальника на станцию железной дороги и вернулся назад в канцелярию полицеймейстера, чтобы наутро везти Стефанию Плинтус в Петербург.

XXXII

ЭПИЛОГ

Роман кончен.

В свое время процесс Стефании Плинтус наделал шума и дал немало тем бойким фельетонистам.

На суде Чухарев отличился своими показаниями. Патмосов с Пафнутьевым сидели и, улыбаясь, слушали, как все удивлялись таланту нового Шерлока Холмса. Его отличили: начальник сделал его чиновником особых поручений, а градоначальник выдал денежную награду и представил к ордену.

Отличен был и начальник. В мелких газетах напечатали его портрет и полное сообщение об аресте Стефании Плинтус.

Следователь, прокурор, генерал Чупрынин и графиня Фигли-Мигли — все остались довольны раскрытием преступления, и графиня говорила всем, что "теперь она будет спать спокойно".

В августе одна за другою были весело справлены три свадьбы.

Горянина радовалась за Дьякову и Прохорова, а Горянин был немного смущен.

Его школьный товарищ на время исчез. Стал ли он жить честною жизнью или опять где-нибудь обрабатывает богатую вдову — неизвестно, но Патмосов внимательно просматривает хронику столичной и провинциальной жизни и уверен, что скоро нападет на след Чемизова и исполнит свое обещанье.